Werner Elflein/Ursula Brech

Training Aufsatz
Erzählen/Nacherzählen

5./6. SCHULJAHR

BEILAGE: LÖSUNGSHEFT

Ernst Klett Verlag
Stuttgart Düsseldorf Leipzig

Der vorliegende Band stellt eine gekürzte und verbesserte Bearbeitung des früheren Bandes „Training Erzählen / Nacherzählen“, Klett-Nr. 92 20 63 dar.

Gedruckt auf Papier,
das aus chlorfrei gebleichtem
Zellstoff hergestellt wurde.

Kapitel 1 – 6: Werner Elflein
Kapitel 7 – 10: Ursula Brech

Die deutsche Bibliothek – CIP-Einheitsaufnahme

Ein Titeldatensatz für diese Publikation ist bei
Der Deutschen Bibliothek erhältlich

4. Auflage 2000
Dieses Werk folgt der reformierten Rechtschreibung und Zeichensetzung.

Internetadresse: http://www.klett-verlag.de/klett-lerntraining
E-Mail: klett-kundenservice@klett-mail.de
Gesamtherstellung: Wilhelm Röck, Weinsberg
Einband- und Innengestaltung: Bayerl & Ost, Frankfurt/M.
ISBN 3-12-922089-5

INHALT

INHALT

Liebe Schülerin, lieber Schüler,

Training Erzählen/Nacherzählen ist ein Arbeitsbuch für Wochen und Monate. Es gilt die Devise: mäßig, aber regelmäßig und über einen längeren Zeitraum üben. Du kannst das Buch von vorn bis hinten, sozusagen von Station zu Station, durcharbeiten; das wäre ein sehr sinnvoller Weg, der mit Sicherheit zum Erfolg führt. Das Buch ist aber auch so angelegt, dass du einzelne Kapitel isoliert bearbeiten kannst. Unter der Voraussetzung allerdings, dass du zuerst die Kapitel 1–3 bearbeitet hast; denn hier werden am Beispiel der Erlebniserzählung grundlegende Einsichten in das schriftliche Erzählen vermittelt, die dann in späteren Kapiteln vorausgesetzt werden. Diese ersten drei Kapitel haben Kurscharakter: eins baut auf das andere auf. Du wirst schrittweise zum Schreiben hingeführt und musst also nicht all die vielfältigen Anforderungen, die das Aufsatzschreiben stellt, gleich zu Beginn und auf einmal erfüllen.
Noch etwas Wichtiges kannst du in diesem Band lernen. Für einen guten Aufsatz sind Vorarbeiten notwendig. Viele glauben, sie könnten einfach drauflos schreiben. Aber ganz selten gelingt das wirklich. Oft entsteht dabei ein schwer verständliches Durcheinander. Da du aber immer für ein Publikum schreibst, musst du auf Verständlichkeit achten. Halte dir diese Situation immer vor Augen! Und ein klares, gut verständliches Erzählen ist nun einmal ohne Vorarbeiten nicht möglich. Das wirst du im ganzen Buch, besonders aber in dem Kapitel über das Nacherzählen beobachten können.
Wichtig ist, dass du die Aufgaben, die dir gestellt werden, bearbeitest, und zwar auf die folgende Weise: Zunächst versuchst du auf eigene Faust eine Lösung, dann schlägst du im Lösungsheft nach. Die Lösungen sind meistens nur Vorschläge; d. h. auch andere Lösungen sind denkbar und oft wahrscheinlich ebenso gut oder besser. Vergleiche deine Lösung mit unserem Vorschlag, und du wirst auf jeden Fall davon profitieren.
Die einzelnen Lernstationen deiner Reise durch das schriftliche Erzählen werden noch einmal sichtbar in den Merkkästchen, in denen nach der Einführung im Text Regelhaftes zur Orientierung, Festigung und zum Nachschlagen hervorgehoben wird.
Doch all das – und das sei zum Abschluss noch einmal gesagt – nützt nur zusammen mit der praktischen Übung: Aufsatzschreiben lernt man eben nur durch Aufsätze schreiben.

1 Erlebtes erzählen

Du hast etwas erlebt. Nun willst du das, was du erlebt hast, deinem Freund oder deiner Freundin erzählen.
Der Unterschied zwischen dem eigentlichen Erlebnis und dem erzählten Erlebnis ist klar: Das Erlebnis ist vergangen, du kannst es nur mit Hilfe der Sprache, durch eine Erlebniserzählung, vergegenwärtigen. Und wahrscheinlich nimmt deine Erzählung auch nicht so viel Zeit in Anspruch wie dein Erlebnis selbst. Und mit Sicherheit hat sich das, was du erlebt hast, in deiner Erzählung verändert; möglicherweise gibst du auch die Wirklichkeit nicht in allen Einzelheiten wieder, du überspringst manches, verweilst bei manchem ausführlicher, kurz du überlegst, was du auswählst und wie du es wiedergibst.

MERKE

Auch wenn deiner Erlebniserzählung ein wirkliches Erlebnis zu Grunde liegt, kann sich das erzählte Erlebnis mitunter ganz schön von dem wirklichen Erlebnis entfernen; denn die Erlebniserzählung ist ein Produkt der Sprache. Die Erlebniserzählung benutzt das wirkliche Erlebnis nur als Anregung; sie ordnet, erfindet hinzu, kurz: bereitet das vorliegende Erlebnismaterial auf und gestaltet es mit Hilfe der Sprache.

Eine Un-Geschichte

Stell dir vor, du sitzt mit deinen Mitschülern im Klassenzimmer. Der Unterricht hat noch nicht begonnen. Es ist also noch Zeit für ein Schwätzchen. Da öffnet sich die Tür, und herein kommt dein Freund Christian. Er keucht ein bisschen, als wäre er die Treppe hinaufgehastet, wirft Aufmerksamkeit erregend seine Schulmappe auf den Tisch, dass es nur so klatscht, und sagt zu dir noch immer leicht außer Atem: „Du, hör mal. Ich muss dir was erzählen."

Neugierig geworden, was Christian wohl Aufregendes, Interessantes, Ungewöhnliches oder einfach nur Nettes erlebt hat, rückst du näher. Und Christian legt los:

> „Du weißt ja, ich habe doch zum Geburtstag einen Wecker bekommen, so einen mit Digitalanzeige und angeblich nervenschonendem Läutwerk. Um sieben Uhr hat er mich heute geweckt. Ich war vielleicht noch müde. Um halb acht bin ich dann endlich aus den Federn gekommen, habe mich geduscht, mein Frühstück heruntergewürgt, dann musste ich noch meinen Schulranzen packen. Wie immer sprang ich zwei Stufen auf einmal unsere Hausflurtreppe hinunter, den letzten Teil rutschte ich auf dem Geländer. Dann schnappte ich mir mein Fahrrad. Die Haustür fiel hinter mir ins Schloss. Heute bin ich ein Stück die Hauptstraße entlanggefahren und habe dann die Abkürzung durch den Wald genommen. Es war noch dunkel und ziemlich nebelig. Bald tauchten die ersten Häuser auf, dann das Schultor, ich hetzte die Treppe hinauf und …"

Nun, spätestens hier wäre wohl auch deine Geduld am Ende. Die ganze Zeit schon, mit wachsender Ungeduld, wirst du überlegt haben, was Christian dir eigentlich mit seinem ganzen Wortschwall sagen will. War dir der Witz an der Geschichte entgangen oder gibt es gar keinen? Du hast nach der Neuigkeit, nach dem Besonderen gesucht, nach dem Erlebnis. Statt dessen lauter Alltäglichkeiten, wie es dem Christian wohl so ziemlich jeden Morgen geht, und nicht nur ihm. Tagaus, tagein. Also deswegen brauchte er sich doch nicht so aufzuspielen und mit seinem „Ich muss dir was erzählen" so zu tun, als hätte er etwas erlebt, was des Erzählens und was des Zuhörens wert wäre. Reine Zeitverschwendung. – Und du unterbrichst Christian und fragst ihn: „Du sag mal, weshalb erzählst du mir das alles eigentlich?"

MERKE

Die bloße Wiedergabe von Ereignissen ist noch keine Geschichte, geschweige denn eine Erlebniserzählung.

Du musst dir zuerst überlegen, ob das, was du erlebt hast, überhaupt erzählenswert ist, ob es deinen Zuhörer interessieren kann. Erzählenswert ist etwas erst, wenn es die Mühe lohnt, dass du erzählst und dass andere dir zuhören.

Was ist erzählenswert?

Niemandem würde es selbstverständlich einfallen, so zu erzählen wie Christian, besser gesagt: wie wir Christian haben reden lassen, um den Unterschied zwischen einer richtigen Erlebniserzählung und der bloßen Wiedergabe einer Reihe von aufeinander folgenden Ereignissen in einer ersten Annäherung sichtbarer zu machen.
So unbefriedigend Christians Un-Geschichte für uns auch war, trotzdem: Sie hat's in sich. Ist es dir nicht auch so gegangen, dass du an manchen Stellen dachtest: „Jetzt kommt's. Jetzt kommt das Erlebnis, das Besondere, das Merkwürdige, Lustige ..., kurz: das erzählenswerte Ereignis.“

Wir haben mit Absicht nur einige charakteristische Merkmale genannt, die Ereignisse erzählenswert erscheinen lassen können, und haben die gedankenträchtigen „3 Pünktchen“ gesetzt, um anzuzeigen, dass die begonnene Rede von Attributen (das besondere, merkwürdige, lustige ... Erlebnis) fortsetzbar ist. Und du ahnst sicher auch schon, wer die Lücke, die durch die drei Pünktchen entstanden ist, ausfüllen soll.

AUFGABE 1

Ergänze die im folgenden Merkkasten fehlenden Merkmale erzählenswerter Ereignisse. Gehe dabei folgendermaßen vor: Zuerst notierst du das auf einem Zettel oder in einem Heft, was deiner Meinung nach in die Lücke passen könnte. Dann schaust du im Lösungsheft nach, wo du einige Lösungsvorschläge findest. Zum Schluss überträgst du diejenigen Begriffe, die dir am wichtigsten erscheinen, in das Merkkästchen.

MERKE

Anlass zum Erzählen muss nicht unbedingt ein großartiges, sensationelles Erlebnis sein. Du darfst dich mit Bescheidenerem begnügen. Bei dem darzustellenden Erlebnis kann es sich um etwas Besonderes, Merkwürdiges, Lustiges, ______________________,

______________ ______________

______________ ______________

______________ ______________

handeln. Ein Streich, ein Missgeschick, eine gefährliche Situation – etwa ein Unfall, eine Verletzung – können erzählenswert sein. Auch wie du einmal Glück oder Pech gehabt hast, oder wie du noch einmal aus einer unangenehmen Lage davongekommen bist.
Erzählanlässe gibt es, wie du siehst, genug.

Wo steckt es, das erzählenswerte Ereignis?

Meinst du nicht auch, dass man aus Christians Un-Geschichte noch eine richtige Erlebniserzählung machen könnte?
Sogar mehr als **nur** ein erzählenswertes Ereignis dürfte wohl, wenn man genau hinschaut und ein bisschen Phantasie walten lässt, in Christians morgendlichem Tageslauf stecken. Was hätte da nicht alles passieren können?

Zum Beispiel schon der Wecker. Ist er nicht geradezu geeignet für ein kleines ärgerliches Erlebnis? Oder das Duschen. Der Aufenthalt im Bad ist in vielköpfigen Familien nicht selten Anlass zu kleinen Reibereien, vielleicht sogar zu einem Streit.

Dies sind nur zwei Beispiele für erzählträchtige Stellen aus Christians morgendlichem Tageslauf.

AUFGABE 2

Welche anderen Gegenstände oder Vorgänge aus Christians Un-Geschichte könnten ebenfalls ein erzählenswertes Erlebnis enthalten? Bezeichne die Stellen durch ein Stichwort. (Bei unseren beiden Beispielen hießen die Stichwörter **Wecker** und **Duschen**.)

Wir haben jetzt acht erlebnisträchtige Stellen gefunden. In einige von ihnen wollen wir uns etwas tiefer hineindenken. Was könnte denn da nun wirklich passiert sein, damit es der Rede wert ist?

Jetzt bist du wieder gefordert. Jedes der Stichwörter auf der nächsten Seite steht für eine eigene Geschichte.

Wecker Duschen Frühstück Treppe Haustür

Fahrrad belebte Hauptstraße Abkürzung durch den Wald

AUFGABE 3

Suche dir von den oben angeführten Begriffen mindestens einen heraus, zu dem du einen Einfall für ein mögliches erzählenswertes Erlebnis hast. Entwirf dafür dann eine Erzählskizze (eine Erzählskizze ist das Handlungsgerüst des Erlebnisses in Stichworten) und charakterisiere durch eine Überschrift, welcher Art das Erzählenswerte (im Sinne des Merkkastens S. 8/9) ist.

Falls du nicht genau weißt, wie die Aufgabe zu verstehen ist, lies dir das folgende Beispiel durch.

Stichwort „Wecker"

Überschrift: Ein ärgerliches Erlebnis

Handlungsgerüst in Stichworten:
Stolz und Freude über neuen Super-Wecker.
Alter Wecker wandert voreilig in Mülleimer.
Erste Bewährungsprobe: Schulausflug.
Früher Abfahrtstermin des Busses.
Einstellen des nervenschonenden Läutwerks.
Mehrmalige Überprüfung.
Am nächsten Morgen: verschlafen, weil Wecker nicht geklingelt hat.
Grund: Abstellknopf nach letztem Versuch vergessen zu entriegeln.
Oder: Batterien leer geworden.

Lösungsvorschläge für die anderen sieben Stichwörter findest du im Lösungsheft. Aber probiere es ruhig erst selber, bevor du nachschaust.

Vorgaben durch die Überschrift

Wenn du in der Schule einen Erlebnisaufsatz schreiben sollst, ist dir wohl im Normalfall eine Überschrift vorgegeben. Wie sehen solche Überschriften aus? Hier einige Beispiele:

- Ein Tiererlebnis
- Erlebnis im Urlaub
- Glück im Unglück
- Ein ärgerliches Erlebnis
- Am Schluss mussten wir doch lachen
- Noch einmal davongekommen
- Übermut tut selten gut
- Ferien auf dem Bauernhof
- Eine Schwalbe macht noch keinen Sommer
- Als ich jemandem einmal einen Streich spielte
- Eine schmerzhafte Angelegenheit
- Lustig war's schon, aber …
- Ein aufregendes Abenteuer
- Zwischenfall in der S-Bahn
- Was hätte da alles passieren können
- Auf dem Frühlingsfest
- Wer andern eine Grube gräbt …

Die Aufsatzthemen sind recht allgemein gestellt, so dass dir wohl fast zu jedem ein passendes Erlebnis, das auch des Erzählens wert ist, einfallen wird.

Du sollst jetzt anhand dieser Themen deinen Blick dafür schärfen, wieweit die Themenstellung dir freistellt, etwas zu erfinden, oder wieweit sie dich durch Vorgaben bindet. Das zu erkennen ist nämlich eine Grundvoraussetzung, wenn du nicht das Thema verfehlen willst. Und so schwer ist das gar nicht. Beginnen wir bei Bekanntem.

AUFGABE 4

Suche zunächst die Themen heraus, die im Sinne von Merkkasten S. 8/9 festlegen, welche Richtung die Erlebniserzählung nehmen soll, also ob ärgerlich, lustig etc.

AUFGABE 5

Was legen Themen wie *„Ein Tiererlebnis"*, *„Ein Ferienerlebnis"*, *„Ferien auf dem Bauernhof"* oder *„Als ich jemandem einmal einen Streich spielte"* fest, was lassen sie offen und stellen es deiner Erfindungsgabe anheim?

AUFGABE 6

Bleiben noch die beiden Sprichwörter-Themen *„Eine Schwalbe macht noch keinen Sommer"* und *„Wer andern eine Grube gräbt"*. Worauf laufen Geschichten hinaus, zu denen eine solche Überschrift passt? Welchen Charakter haben sie?

MERKE

Beachte die Überschrift des Aufsatzes. Durch sie wird manches festgelegt, was dich in deiner „dichterischen Freiheit" einschränkt.

Meist wird schon die Richtung, die deine Geschichte nehmen soll, angedeutet oder sogar festgelegt.

2 Planvoll erzählen

Erzählziel, Pointe, Knüller oder: Das Ende bedenken

Wenn du zu einem Thema ein passendes Erlebnis gefunden hast, willst du dir wahrscheinlich die Ärmel hochkrempeln und losschreiben. Bitte nicht! Warte noch einen Augenblick! Nicht gleich drauflosschreiben! Sonst besteht die Gefahr, dass etwas schief läuft; denn das Erzählen ist eine planvolle Angelegenheit, jedenfalls mehr als du denkst. Vielleicht hast du das noch gar nicht gemerkt, aber du hast ja schon angefangen mit dem Planen, als du dir überlegt hast, was an deiner Geschichte erzählenswert ist und was für eine Richtung (lustig, unheimlich etc.) du einschlagen willst. Und dabei hast du schon eine wichtige Arbeit geleistet, aber trotzdem nur die Hälfte. Eng verknüpft mit dem, was dein Erlebnis erzählenswert macht, ist das, was du als das **Erzählziel** deines Erlebnisses oder als **Pointe** oder – noch anders ausgedrückt – als den **Knüller** deiner Geschichte herausstellen willst.

Bevor du also überhaupt ein einziges Wort schreibst, musst du dir über das Erzählziel im Klaren sein, also darüber, worauf deine Geschichte hinauslaufen soll, eben über die Pointe oder den Knüller.

Was sagst du zu folgendem Versuch?

> Einmal im Herbst kam ich von der Schule nach Hause. Da fand ich beim Spielen im Garten einen Igel. Ich rannte zu meinem Vater, der meinte: „Wir müssen den Igel wiegen. Wiegt er weniger als 500 g, müssen wir ihn den Winter über durchfüttern, sonst überlebt er nicht." Beim Wiegen stellte sich heraus, dass er Untergewicht hatte. Wir bauten ihm eine Kiste und fütterten ihn den ganzen Winter über.

Findest du auch, dass diesem Text irgendwie die Würze fehlt? Das liegt an verschiedenen Dingen, unter anderem aber auch daran, dass der „Knüller" nicht deutlich formuliert wird. Dabei liegt der doch gerade hier so nahe.

AUFGABE

1 Hol du das Versäumte nach und formuliere die Pointe, den Knüller, indem du sagst, was der Erzähler dem Leser Interessantes mitteilen will.

Spätestens jetzt, nachdem du den Vorschlag im Lösungsheft mit deiner Lösung verglichen hast, weißt du, was mit Pointe oder Knüller oder mit dem Erzählziel gemeint ist. Der Begriff „Pointe“ ist dir vom Witzeerzählen bekannt. Wir verstehen bei unserer Erlebniserzählung im Grunde nichts anderes darunter. Nur muss die Erlebniserzählung nicht auf eine so scharfe und witzige Pointe hinauslaufen wie ein Witz. Wir geben uns auch mit bescheidenen Knüllern zufrieden. Aber verzichten können wir darauf nicht. Und der Knüller muss deutlich werden.

MERKE

Bevor du zu schreiben beginnst, musst du dir im Geiste einen Erzählplan machen. Der wichtigste Teil dieses Planes ist es, festzulegen, worauf deine Erlebniserzählung abzielen soll: das Erzählziel.

Mache dir also Gedanken über die Pointe oder den Knüller deiner Geschichte. Und denke daran, dass er dem Leser deutlich werden muss; denn der Knüller ist das Salz der Geschichte.

So, was ein Knüller oder eine Pointe ist und was sie für eine Erlebniserzählung bedeutet, weißt du jetzt. Da es aber mit dem Wissen allein nicht getan ist, wollen wir noch eine „Knüllerformulierungsübung“ anschließen.

AUFGABE

2 Wir gehen von der Igelgeschichte aus. Sie soll wie oben vom Überwintern des Igels handeln; aber nicht das Überleben ist jetzt der Knüller, sondern irgendetwas anderes Lustiges, Schmerzhaftes, Überraschendes. Überlege dir eine Pointe (Knüller) für eine Erlebnisgeschichte um diesen Igel und formuliere sie.

Am Anfang: Den Leser ins Bild setzen ...

Bisher haben wir uns im Grunde nur mit Vorarbeiten – allerdings wichtigen – beschäftigt. Richtig los geht es mit der Gestaltung des Anfangs. Es gibt viele Möglichkeiten, eine Geschichte zu beginnen. Für Anfänger wie uns ist Beschränkung eine sinnvolle Methode, um überhaupt erst einmal Fuß zu fassen. Wenn du einmal viele Aufsätze geschrieben und immer nach unserem Muster begonnen hast, so wird dir dieser Anfang vielleicht etwas schematisch vorkommen. Dann darfst du dir gern andere Anfänge ausdenken, die sich nicht an unser Muster anlehnen. Aber, wie gesagt, in unserem Fall ist ein Rezept gerade das Richtige.

Nun, irgendwie muss man ja anfangen. Besonders günstig scheint es zu sein, wenn du so beginnst, dass der Leser deines Aufsatzes etwas davon hat. Du erzählst ja nicht für dich selbst, sondern für einen anderen, eben deinen Leser. Nun hast du diesem gegenüber den großen Vorteil: Du kennst die Geschichte, die du erzählen willst. Dein Leser nicht. Er weiß immer nur so viel, wie du gerade preisgibst. Das ist ja auch gut so, denn davon lebt die Geschichte. Aber der Leser braucht gleich am Anfang wenigstens ein paar Informationen, damit er sich zurechtfindet in deiner Geschichte.

Wie kannst du nun deinen Leser ins Bild setzen, damit er einen Einstieg in die folgende Geschichte hat, damit er sie besser versteht und vielleicht sogar genießen kann? Nützlich für eine erste Orientierung sind immer Auskünfte darüber, von welchen Personen deine Geschichte hauptsächlich handelt, bei welcher Gelegenheit und wann sie sich zugetragen hat und eventuell auch wo. Anders ausgedrückt, die Einleitung deines Erlebnisaufsatzes sollte in irgendeiner Form Antwort geben auf die Fragen: wer? wann? wo?

Schau dir einmal das folgende Beispiel einer Einleitung an:

[In den letzten Sommerferien] war [ich mit meinen Freunden] [in Holland an der Nordsee.] [Wir] hatten unser Zelt [am Rande eines Wäldchens] aufgebaut. Und das hätten wir nicht tun sollen! ...

AUFGABE 3 Auf welche Fragen geben die eingerahmten Wortgruppen Antwort?

Schon der erste Satz ist gespickt mit Informationen, die dem Leser eine gewisse Orientierung ermöglichen. Man erfährt, **wann** das, was erzählt wird, stattgefunden hat, auch **wo**, und auf unsere Frage **wer** erfahren wir von einigen wichtigen Personen. Damit ist gleich zu Beginn ein gewisser zeitlicher, örtlicher und personeller Rahmen abgesteckt, in dem sich das Weitere entwickeln kann. Auffällig in unserem Beispiel ist noch die Häufigkeit der Ortsangaben: drei, vier in zwei Sätzen! Es lohnt sich, diese noch genauer zu betrachten. Wir spüren den Fortschritt an Informationsgehalt von Ortsangabe zu Ortsangabe.

Wo spielt die Geschichte?	Antwort: In Holland.
Wo in Holland?	Antwort: An der Nordsee.
Wo weiter? Genauer!	Antwort: Am Rande eines Wäldchens.

Der Schauplatz der Geschichte wird von Ortsangabe zu Ortsangabe immer mehr eingegrenzt. Die Informationen über den Schauplatz des Geschehens folgen also dem Prinzip vom **Weiten** zum **Engen**.

Der zweite Satz der **Einleitung** enthält nun noch eine weitere Information, die mit unseren Fragen nicht zu erfassen ist: nämlich, dass die genannten Personen ein Zelt aufgebaut hatten. Nach der Einführung in die zeitlichen, örtlichen und personellen Gegebenheiten erhält der Leser einen ersten Hinweis auf das, **was** in der Geschichte geschieht.

Und so fügt sich ein weiteres Mosaiksteinchen dem Bild hinzu, das allmählich vor unserem geistigen Auge entsteht. So vervollständigt sich die Situationsskizze, mit deren Hilfe sich der Leser orientiert, um auf dieser Grundlage in die Geschichte einzutreten.

MERKE

Die Einleitung soll den Leser ins Bild setzen, d.h. in die Situation einführen, durch Informationen
- über Personen (wer?),
- Zeit (wann?),
- Ort (wo?)
- und durch erste Hinweise auf das Geschehen (was?).

... und seinen Appetit anregen

In unserem Beispiel folgt noch ein weiterer Satz. Und der hat es auch in sich: **„Und das hätten wir nicht tun sollen!“** Warum setzt der Verfasser der Einleitung einen solchen Satz gerade hier an den Anfang, nachdem er uns mit den Örtlichkeiten, einigen Personen, der Zeit und der Ausgangssituation mit dem Zeltbau vertraut gemacht hat? Was bezweckt er damit? Welche Wirkung ruft er beim Leser hervor?

Das ist nun eine etwas schwierige Frage, deren Beantwortung dir wohl nicht ganz leicht fallen wird. Deshalb helfen wir dir.
Du musst dabei bedenken, dass ja nicht jeder, dem du ein Erlebnis erzählen willst, ein Deutschlehrer ist, der von Amts wegen verpflichtet ist, deinen Aufsatz auf jeden Fall von Anfang bis zum Ende durchzulesen. Die meisten Leser wollen erst noch gewonnen werden. Während der Durststrecke des Anfangs überlegen sie sich zehnmal, ob sie überhaupt weiterlesen, ob sie die Geschichte überhaupt interessiert.

Und so erhält die Einleitung neben der Aufgabe, den Leser ins Bild zu setzen, noch eine weitere Aufgabe: Sie soll den Appetit des Lesers anregen, nämlich den Appetit weiterzulesen. Du musst erreichen, dass ihm das Wasser im Munde zusammenläuft und seine Neugierde geweckt wird.
Es empfiehlt sich daher also, schon in der Einleitung ein bisschen von dem preiszugeben, was den Kern deiner Geschichte ausmacht. Natürlich nicht alles. Nur Andeutungen dürfen es sein, Andeutungen, die die Erwartung in eine bestimmte Richtung lenken: z.B. indem du direkt sagst, dass deine Geschichte auf ein spannendes, merkwürdiges, lustiges, ärgerliches etc. Erlebnis hinausläuft, oder indem du es so machst, wie der Verfasser unseres Beispiels, der die abenteuerliche Entwicklung indirekt andeutet: **„Und das hätten wir nicht tun sollen!“**

MERKE

Die Einleitung soll beim Leser den Appetit, das Interesse, die Neugier wecken.

Das erreichst du z.B. durch allgemeinere oder speziellere Andeutungen auf das, was ihn im Verlauf der Geschichte erwartet.

AUFGABE

4 Im Folgenden findest du eine Reihe von Aufsatz-Anfängen. Wir wollen deinen Blick für die Informationen schärfen, die den Leser in die Situation einführen. Gesucht sind die Wörter bzw. Wortgruppen, die Auskunft über Personen, Zeit, Ort, Geschehen geben. Kennzeichne sie mit verschiedenen Farben oder schreibe sie heraus. Die Fragewörter **wer? wann? wo? was?** helfen dir dabei.

Beispiel 1

Als ich eines Nachmittags, es war Freitag, von der Schule nach Hause kam, begrüßte mich Leo, mein Hund, stürmisch …

Beispiel 2

Am späten Mittwochnachmittag um 17.53 Uhr ging ich mit meiner Freundin zum Einkaufen. Wir mussten ein Stück die Hauptstraße entlanggehen …

Beispiel 3

Es war ein Tag vor Heiligabend. Meine Mutter und ich schmückten gerade den Christbaum. Draußen schneite es, und ich freute mich schon riesig, dass es endlich einmal wieder weiße Weihnachten geben würde.

Beispiel 4

Wir hatten es uns gemütlich gemacht und das Abendprogramm eingeschaltet. Mein Vater entkorkte eine Flasche Rotwein. Da gab es plötzlich einen Knall wie von einer Explosion. Erschrocken fuhren wir zusammen. „O Gott“, sagte meine Mutter kreidebleich, „ich glaube, das war in der Küche.“ …

Beispiel 5

Liebe Sandra,
ich habe mich sehr über deinen Brief gefreut und fand auch dein Erlebnis im Gasthaus lustig. Ich selbst hatte gestern ein weniger lustiges Erlebnis. Auch in einem Gasthaus. Und das kam so: Weil gestern das Wetter so schön war, haben Vera, Karsten, Dirk und ich eine Radtour am Neckar entlang gemacht. Am Mittag kehrten wir durstig und hungrig in einem Gasthaus ein …

Und das reicht fürs erste! Nun wollen wir uns noch einmal die zweite Aufgabe der Einleitung in Erinnerung rufen.

AUFGABE 5

Findest du in den fünf Beispielen Sätze mit Hinweisen oder Andeutungen, die die Aufgabe haben könnten, das Leserinteresse zu wecken?

AUFGABE 6

Und wie verhält sich das in den folgenden beiden Beispielen? Kennzeichne die Wörter oder Ausdrücke, die dein Leseinteresse wecken sollen.

Beispiel 6

Als ich zehn Jahre alt wurde, bekam ich ein besonderes Geburtstagsgeschenk. Und was dieses Geschenk verursachte, war allerdings auch etwas Besonderes. Noch lange werden wir uns an diesen Geburtstag erinnern.

Beispiel 7

Weil mein Vater dringend einen neuen Anzug brauchte, passierte es. Und weil das, was damals passierte, ganz lustig war, wenigstens für die, die nicht so wie mein Vater direkt betroffen waren, will ich die Geschichte, die sich damals bei dem Anzugkauf abspielte, erzählen.

AUFGABE 7

Beim 2. und 3. Beispiel vermissen wir das Neugier weckende Element der Einleitung. Das sollst du nun einfügen. Verändere also den Text von Beispiel 2 und 3 so, dass auch die zweite Aufgabe der Einleitung zur Geltung kommt.

Am roten Faden entlang

Unsere Geschichte hat jetzt einen Anfang und ein Ziel, die geplante Pointe oder den Knüller, auf den sie angelegt ist und den wir auch am Anfang schon ein wenig andeuten. Dazwischen klafft allerdings noch ein riesiges Loch, das darauf wartet, mit unserer Geschichte ausgefüllt zu werden. Die Möglichkeiten, dieses Loch mit unserer Phantasie, Erfindungsgabe und unserer Sprachkunst zu stopfen, sind vielfältig. Und das macht das Schreiben so interessant, aber natürlich auch nicht gerade einfacher. Wie leicht kann man sich auf dem Weg von der Einleitung bis hin zum Ziel verlaufen …

Na du weißt schon, welchen Fallstricken und Fußangeln es auszuweichen gilt. Doch da ist etwas, das uns hilft, den Weg von unserem Anfang bis zum Ende zu gehen. Ich meine den **roten Faden** der Geschichte. Jede Geschichte, und so auch unsere Erlebniserzählung, hat einen roten Faden. Dieser rote Faden ist die direkte Verbindung zwischen dem Anfang deines Aufsatzes und deinem Erzählziel. Denk an einen Marathonläufer, der seine 42 km zu laufen hat, um ans Ziel zu gelangen. Die Strecke ist genau vorgeschrieben und mit einem farbigen Strich markiert. Würde er sich nicht an diese Markierungslinie – in unserer Geschichte ist das der rote Faden – halten und machte er hier und da einen Abstecher, so geriete er in Gefahr, das Ziel aus den Augen zu verlieren.

Etwas schwerer als der Marathonläufer haben wir es allerdings mit unserem roten Faden. Er ist ja für unser Auge nicht sichtbar, sondern nur für unser „geistiges“ Auge. Der rote Faden markiert uns den Weg, den uns das Ziel vorschreibt: Alles, was wir schreiben zwischen Einleitung und Schluss, muss auf das Erzählziel bezogen sein. Ist das der Fall, dann sind wir am roten Faden.

MERKE

Erzähle zielbewusst. Richte das, was du schreibst, von Anfang an an dem Erzählziel aus.

Überlege immer, ob das, was du schreiben willst, wichtig ist, um dein Ziel zu erreichen, ob es dich dem Ziel näher bringt oder einen Umweg, eine Abschweifung bedeutet. Halte dich an den roten Faden!

Lass uns jetzt am Beispiel üben, was wir mit dem roten Faden einer Geschichte meinen.

Erlebnis im Gasthaus

Liebe Sandra,
ich habe mich über deinen Brief sehr gefreut. Dein Erlebnis in dem Gasthaus fand ich auch sehr lustig. Ich selbst habe gerade gestern auch etwas in einem Gasthaus erlebt. Aber das war weniger lustig.
Wegen des schönen Wetters gestern hatten Vera, Karsten, Dirk und ich uns zu einer Radtour verabredet. Es ging den Neckar entlang. Um die Mittagszeit kehrten wir hungrig und durstig in einem Gasthaus ein. Wir setzten uns an den einzig freien Tisch. Was wir vorher nicht gesehen hatten, war ein Schäferhund, der unter dem Nachbartisch lag. Der

machte sich erst bemerkbar, als wir schon die Bestellung aufgegeben und eine Weile auf unser Essen gewartet hatten. Es war uns gleich unangenehm, einen Hund, zumal einen so großen, in nächster Nachbarschaft zu haben. Da der Hund genau neben mir lag, warf ich ab und zu verstohlen einen Blick auf ihn, um zu sehen, was er machte. Er beachtete uns nicht und war offenbar eingeschlafen. Das beruhigte mich etwas, und ich wandte mich jetzt meinen Freunden und unserem Gespräch zu. Doch als die Bedienung mit dem Essen kam, erhob sich der Hund plötzlich, riss sein Maul weit auf und gähnte herzhaft. Dann schüttelte er sich noch, so dass es mir bei dem Gedanken, was da jetzt alles durch die Luft flog und sich eventuell auf unseren Tellern niederließ, ein gutes Stück meines Appetits verschlug.
Doch es kam noch schlimmer. Denn als wir den Hund schon fast ganz aus unseren Gedanken verdrängt und uns ganz dem Essen gewidmet hatten, begann sich plötzlich ein sehr strenger und säuerlicher Geruch zu verbreiten. Wir schauten uns fragend an und blickten umher, um der Ursache für den unangenehmen Geruch auf die Spur zu kommen. Da sahen wir die Bescherung. Dem Hund war offenbar übel; jedenfalls hatte er das von sich gegeben, was ihm wohl nicht bekommen war. Ich will dich mit Einzelheiten verschonen. Aber du kannst dir auch so denken, dass wir uns gewaltig ekelten.
Die Spuren wurden von der Bedienung zwar rasch beseitigt, aber wir aßen doch mit langen Zähnen, zahlten und verließen so schnell wie möglich das Gasthaus. Du kannst dir sicher vorstellen, worüber wir uns auf der gesamten Rückfahrt unterhalten haben.

Das war mein Gasthauserlebnis, leider nicht so erfreulich wie deines. Schreib mir mal wieder!

Viele Grüße,
deine Almut.

AUFGABE 8

Der Titel „Erlebnis im Gasthaus“ ist sehr allgemein für das, was in dem Brief oben erzählt wird. Überlege dir, was Almut ihrer Freundin als das erzählenswerte Erlebnis vermitteln will. Erfinde eine Überschrift, die das Erzählziel, das worum es in der Geschichte geht, enthält.

Erlebnis mit einem Tier

Es war der letzte Tag vor den Sommerferien. Ich wartete gerade auf dem Schulhof auf den Gong. Da kam Markus, mein Freund, um die Ecke geflitzt. Er hatte einen Schuhkarton mit vielen Löchern unter dem Arm. Sofort waren alle Schüler unserer Klasse um Markus und seinen Karton versammelt. Alles starrte neugierig auf den Karton. Was war wohl darin? Markus nutzte die Gelegenheit, uns auf die Folter zu spannen. Ungeduldige Reaktionen waren die Folge: „Jetzt mach schon den Deckel auf! Wir möchten wissen, was da drinnen ist." Da öffnete Markus endlich den Deckel. Und was, glaubt ihr, kam da zum Vorschein? Eine Eidechse. Und was für ein prachtvolles Exemplar! Sie schimmerte smaragdgrün, als das Sonnenlicht sie traf. Markus sagte: „Ich finde, dass Eidechsen auch einmal Urlaub haben sollten, und da habe ich gedacht, dass sie über die Ferien zu Volker gehen könnte."

Ich freute mich über Markus' Großzügigkeit, denn ich hatte ihn schon immer um seine schöne Smaragdeidechse beneidet, und nahm Klarabella – so hieß die Eidechse – gleich nach der Schule mit nach Hause. Dort zeigte ich sie meinen Eltern. Die waren nun gar nicht so begeistert, weil das Tier im Pappkarton eingesperrt war. Enttäuscht über ihre Reaktion ging ich mit Karton und Eidechse in den Garten hinaus und setzte mich, die Schachtel auf den Knien, an den Rand unseres Steingärtchens. „Eine ideale Landschaft für Eidechsen", dachte ich.

Dann betrachtete ich Klarabella, wie sie so in der Ecke ihres Pappgefängnisses kauerte, und bekam großes Mitleid mit ihr. Schon war ein Entschluss gefasst, der gut für die Eidechse, aber schlecht für Markus war. Ich griff in den Karton, holte das ängstliche Tier heraus und setzte es in den Steingarten. Im Nu huschte die Eidechse zwischen die Steine ins dichte Kraut und war verschwunden. Ich sah sie noch manchmal, wenn sie sich in der Sonne wärmte, aber es gelang mir nie mehr, sie wieder einzufangen.

Je mehr sich das Ende der Ferien näherte, um so mulmiger wurde mir zumute. Wie sollte ich Markus erklären, was ich getan hatte? Er war dann auch ziemlich sauer und verlangte Schadenersatz. Ich gab ihm 1 DM von meinem Taschengeld, was ihn etwas versöhnte. Ein Tier hat er mir aber nie wieder zur Erholung anvertraut.

AUFGABE 9

Der Brief enthält eine ausführliche Erlebniserzählung. Du sollst die Erzählung jetzt auf den roten Faden reduzieren, der nur die notwendigsten Informationen über den Inhalt enthält. Vier bis fünf Sätze genügen. Diesen Kurztext verfasst du im Präsens, ohne Spannung, ohne Höhepunkte, ohne Würze.

AUFGABE 10

Wie du weißt, macht Übung den Meister. Deshalb schließen wir gleich noch eine Übung an. Suche also für die Erlebniserzählung auf S. 22 wieder einen genaueren Titel, der auf den Knüller bezogen ist, und reduziere sie auf das bloße Inhaltsgerüst, damit der rote Faden deutlich wird.

AUFGABE 11

Du hast bestimmt auch schon einmal ein Erlebnis mit einem Tier gehabt. Vielleicht mit einem Haustier, einem Hund, einer Katze, Hühnern, Kühen auf der Weide bei einer Wanderung? Vielleicht im Zoo? Eventuell war es gar kein so angenehmes Erlebnis. Nun, dir wird schon etwas einfallen. Denn nachdem du bisher nur aus vorgegebenen Erlebniserzählungen das Inhaltsgerüst herauszufiltern brauchtest – was natürlich auch schon eine Leistung ist –, wollen wir dir jetzt auf deinem Weg zum eigenen Aufsatz doch noch eine etwas schwierigere Aufgabe zumuten.
Skizziere das Inhaltsgerüst einer eigenen Erlebniserzählung, dem ein wirkliches oder auch erfundenes Erlebnis mit einem Tier zugrunde liegt.

Das Aufsatzfischchen: Teile und Proportionen des Aufsatzes

Wenn wir uns die Erlebniserzählung mit einem Bild veranschaulichen wollten, so würde sich – wie wir meinen – das Bild eines Fischchens in mancher Hinsicht ganz gut eignen. Kannst du dir vorstellen, wieso?

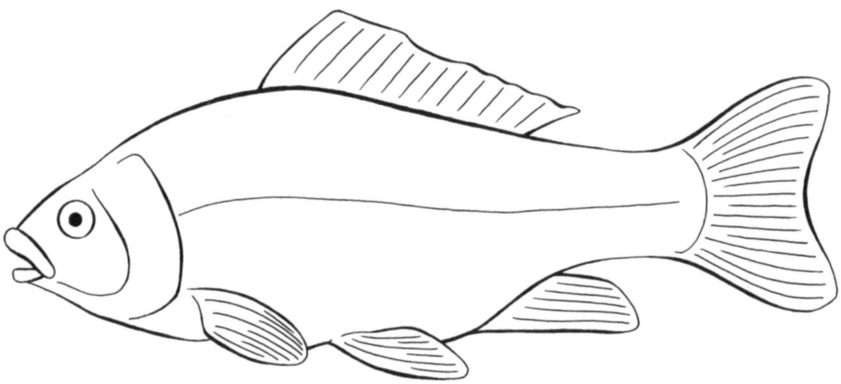

Einleitung	Hauptteil mit allmählicher Zuspitzung	Pointe/ Knüller	kurzer Schluss

Nun, da ist zunächst einmal der sich zum Rumpf hin allmählich verbreiternde Kopf; das entspräche unserer Einleitung. Im Vergleich zum Körper nicht allzu groß, wie der Anfangsteil des Aufsatzes, der seine beiden Aufgaben möglichst bald erfüllt haben muss, damit man zügig zur Sache kommt. Weder Fisch noch Aufsatz dürfen kopflastig sein; die Proportionen müssen stimmen, sonst leidet die Schönheit.
Den größten Umfang nimmt wie der Fischkörper der Hauptteil des Aufsatzes ein; er entfaltet sich zu voller Pracht und Größe und spitzt sich dann gegen das Schwanzstück des Fisches bzw. das Ziel unserer Erzählung hin zu.

Wenden wir uns also der Ausgestaltung der Geschichte, dem Hauptteil mit seiner Entfaltung und Zuspitzung, zu.
Wie das nun so ist, kann man natürlich bei der Ausgestaltung und Entfaltung der Geschichte auch des Guten zu viel tun.

Was meinst du zu dem folgenden Aufsatz?

Es war der Nachmittag vor Heilig Abend. Ich durfte mit meiner Mutter den Christbaum schmücken. Weil ich das zum ersten Mal machte, war ich mit großem Eifer dabei. Draußen schneite es so vor sich hin. Am Abend ging ich schlafen, allerdings schlief ich nicht ein, bevor ich nicht noch ein paar Kapitel in meinem Karl May verschlungen hatte.
Am nächsten Morgen schlief ich lange, ungefähr bis 11 Uhr. Ich duschte ausgiebig, zog mich dann an und schaute aus dem Fenster. Es hatte mindestens einen halben Meter geschneit. Schnell frühstückte ich; auf dem Tisch stand mein Lieblingsbrotaufstrich: Nutella, eine kleine Aufmerksamkeit meiner Mutter. Dann zog ich mich warm an und ging ins Freie. Zuerst baute ich einen Schneemann, dann ein Schneehaus, das aber immer wieder einstürzte. Plötzlich hörte ich meine Mutter rufen: „Katrin, komm rein! Sie kommen gleich."
Gemeint waren mein Vater und meine Großmutter. Mein Vater war vor 2 Tagen zu ihr in die Lüneburger Heide gefahren, um sie über die Weihnachtstage zu uns zu holen. Zum Mittagessen wollten sie da sein. Ich ging ins Haus und zog mein gutes Kleid an. „Was gibt's denn zu essen?", fragte ich meine Mutter. Rehbraten mit Spätzle und zum Nachtisch Eis mit heißen Himbeeren, war ihre Antwort. Mir lief das Wasser im Munde zusammen.
Als ich das Radio einschaltete, kamen gerade Nachrichten. Ich wollte schon einen anderen Sender einstellen, da hörte ich den Sprecher sagen: „Chaos auf den bundesdeutschen Straßen. Durch die ungeheuren Schneemassen sind die Räumfahrzeuge völlig überlastet ..." Schnell schaltete ich das Radio aus und rannte zu meiner Mutter. Ich erzählte ihr von dem, was ich in den Nachrichten gehört hatte, und sie sagte: „Hoffentlich kommen sie durch, und es passiert nichts."
Die Zeit verging, aber mein Vater und meine Großmutter kamen nicht. Langsam machten wir uns Sorgen. Endlich gegen 18.00 Uhr hörten wir ein Auto vorfahren. Sie waren es. Das Auto hatte am Kotflügel eine kleine Beule, und Vater und Großmutter machten einen etwas entnervten Eindruck. Aber sonst war alles in Ordnung und, nachdem sie ihre Geschichte von der Fahrt durch das Schneechaos und von der Beule erzählt hatten, machten sie schon wieder einen normalen Eindruck. Dann holten wir das Mittagessen nach, aufgewärmt natürlich, und schließlich kam die richtige Bescherung. Und so wurde es trotzdem noch ein schönes Weihnachtsfest.

Nun, was meinst du zu diesem Aufsatz? Der erste Eindruck ist gar nicht so übel, wenigstens was die sprachliche Seite betrifft. Ja, das stimmt. Aber das darf über gewisse Mängel der inhaltlichen Ausgestaltung nicht hinwegtäuschen. Dir ist noch nicht ganz klar, welche Mängel wir meinen? Nun gut, dann überlege dir einmal folgende Fragen.

AUFGABE 12

Worum geht es eigentlich in dem Aufsatz? Was ist für die Verfasserin das Erzählenswerte an diesen Weihnachtstagen? Gib den Inhalt in einer Kurzfassung wieder. Beginne so: Der Aufsatz handelt davon, dass ein Mädchen ...

AUFGABE 13

Wann, an welcher Stelle des Aufsatzes hast du als Leser eigentlich gemerkt, worum es geht? Zitiere die Textpassage.

Ein entscheidender Mangel des vorliegenden Aufsatzes liegt offenbar in der mangelhaften Unterscheidung von Wichtigem und Unwichtigem. Auch mit den Proportionen, d.h. den Größenverhältnissen der Teile stimmt es nicht so ganz. Wenn die Verfasserin erst nach mehr als einem Drittel des Aufsatzes zum eigentlichen Thema kommt, ist das wohl ein wenig spät – milde gesagt.

AUFGABE 14

Wie sähe denn das Einzelfischchen für den Aufsatz in der vorliegenden Fassung aus? Zeichne es doch einmal.

So. Was meinst du? Ob unser Fischchen über seine Proportionen besonders glücklich sein wird? Richtig, es wäre entsetzt!
Eine Ursache für die Mängel des Aufsatzes ist sicher darin zu sehen, dass die Verfasserin zu schreiben begonnen hat, ohne schon am Anfang zu wissen, worauf sie am Ende hinauswill. Deswegen erwähnt sie Dinge, die für das, wofür sie uns interessieren möchte, überhaupt nicht wesentlich sind.
Man kann bei der Ausgestaltung und Entfaltung einer Geschichte eben auch zu viel tun, wenn man sich z.B. in Nebensächlichkeiten ergeht, die dann im Verhältnis zum Wesentlichen zu viel Gewicht bekommen.

Durchleuten wir den Aufsatz doch einmal daraufhin und untersuchen, ob die Einzelheiten am roten Faden aufgereiht sind und mit dem Erzählziel im Zusammenhang stehen. Her also mit dem Fisch und unter den Röntgenapparat, damit die alles verbindende Gräte sichtbar wird.

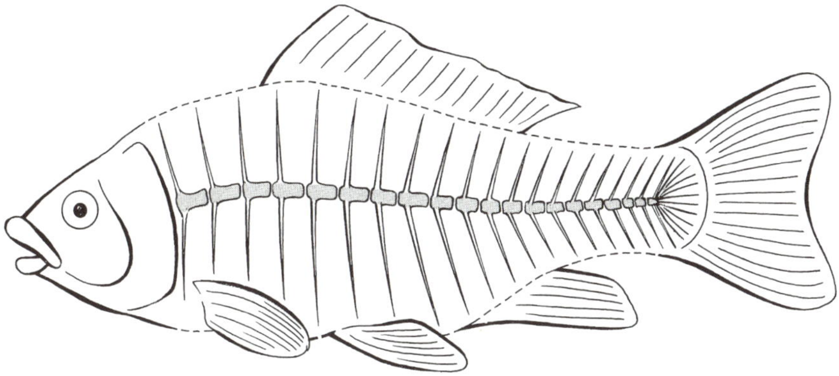

Die Gräte, das direkte Verbindungsstück zwischen Kopf und Schwanzstück ist – übertragen auf unseren Aufsatz – sozusagen der rote Faden. Diese „Gräte“ hast du ja schon mit der Lösung von Aufgabe 12 freigelegt. Jetzt sollst du dir die dort geleistete Arbeit zunutze machen und mit Hilfe der Kurzfassung und mit Blick auf das Erzählziel das aussondern, was deiner Meinung nach nicht zum Aufsatz passt und deshalb herausgestrichen gehört.

AUFGABE 15

Streiche die nicht zum Erzählziel passenden, eher verwirrenden und störenden Informationen.
Schreibe nun das, was übrig bleibt, in Form eines neuen, verbesserten Aufsatzes auf. Dabei musst du den Wortlaut manchmal verändern, damit die Sätze zueinanderpassen. Du darfst auch eigene Ideen hinzufügen.

Wir haben nun so viele Bausteine des Erzählens kennengelernt, dass wir einen Augenblick verweilen und noch einmal wiederholen sollten, was wir anhand der Erlebniserzählung über das schriftliche Erzählen erfahren haben. Die Merkkästchen, in denen die wichtigsten Schreibregeln zusammengefasst sind, werden dir helfen …
So, nun hast du dir das Gelernte noch einmal vergegenwärtigt. Und jetzt ist der Zeitpunkt gekommen, wo du dein Wissen in die Praxis umsetzen sollst, und zwar sollst du ganz allein einen ganzen Erlebnisaufsatz verfassen.

AUFGABE 16

Auf S. 11 „Vorgaben durch die Überschrift“ sind eine ganze Reihe von Überschriften genannt, wie sie dir im Deutschunterricht begegnen könnten.
Suche dir ein Thema heraus, und schreibe einen Erlebnisaufsatz. Denk an das bisher Gelernte. bisher Gelernte.

3 Anschaulich schreiben

Innere Vorgänge entfalten

Wir blicken noch einmal zurück auf den Aufsatz S. 25. Sicher kann man sich darüber streiten, ob man diesen oder jenen Satz besser stehen lässt oder lieber streicht, ob es zum Beispiel wichtig ist, dass wir als Leser erfahren, die Erzählerin hat ihr Sonntagskleid angezogen oder nicht. Nun, wir haben uns im Lösungsheft dafür entschieden, den Satz stehen zu lassen. Unserer Meinung nach kann die Vorbereitung auf die Ankunft, die sich ja dann verzögert und zu großen Sorgen führt, durchaus zu den Dingen gehören, die sich um die „Gräte" der Geschichte herumgruppieren. Ja, wir glauben sogar, man hätte das auch noch ein bisschen ausbauen dürfen. Bei der Frage nach der Wichtigkeit der Information über das Mittagessen haben wir ebenfalls lange gezögert, vor allem der Hinweis, dass der Erzählerin das Wasser im Mund zusammenläuft, bekommt auf dem Hintergrund, dass sich die Einnahme des Essens um 6 Stunden verzögert, schon einen gewissen Stellenwert, wenn man diesen Zusammenhang nur richtig formuliert. Du siehst: Auf der einen Seite haben wir Sätze gestrichen, auf der anderen Seite haben wir offenbar das Bedürfnis, manche Teile noch auszubauen.
Wahrscheinlich ist es dir auch so gegangen, dass du beim Lesen unserer letzten Fassung aus dem Lösungsheft zwar insgesamt eine Verbesserung des ursprünglichen Aufsatzes gespürt hast, dass dir aber vor allem eine Stelle etwas mager und knapp vorkam.

AUFGABE

1 Um welche Stelle handelt es sich?

Das zentrale Erlebnis der Geschichte ist ja das Warten und die Sorgen, die sich die Daheimgebliebenen machen. Die sechs Stunden Wartezeit sind mit wenigen Worten – viel zu knapp – überbrückt:

> „Die Zeit verging, aber mein Vater und meine Großmutter kamen nicht. Langsam machten wir uns Sorgen. Endlich hörten wir ein Auto vorfahren. Sie waren es …“

Die Spannung, die an dieser Stelle entsteht, wird viel zu rasch aufgelöst. Bedenke, wie viel Zeit noch mit dem „sorgenvollen Warten“ vergeht, und was indessen in den beiden wartenden Personen vor sich geht. Es würde sicherlich zu einer Verbesserung des Aufsatzes führen, wenn die Verfasserin die inneren Vorgänge nicht einfach so kurz beschreibt, wie sie es getan hat: „Langsam machten wir uns Sorgen“, sondern diese inneren Vorgänge durch eine anschauliche Darstellung nach außen sichtbar lassen würde. Die Frage ist nur, wie sie das hätte bewerkstelligen können.

AUFGABE 2

Wie lässt sich das „sorgenvolle Warten“ durch einzelne Handlungen, Ereignisse, Zeichen, Reden, Fragen, Hoffnungen, Tätigkeiten anschaulich vor Augen führen? Gesucht sind also Aktivitäten, die zu dem Oberbegriff „sorgenvolles Warten“ passen. Denke dir solche Einzelheiten aus, die den abstrakten Begriff des „sorgenvollen Wartens“ entfalten, und fülle den Fächer aus.

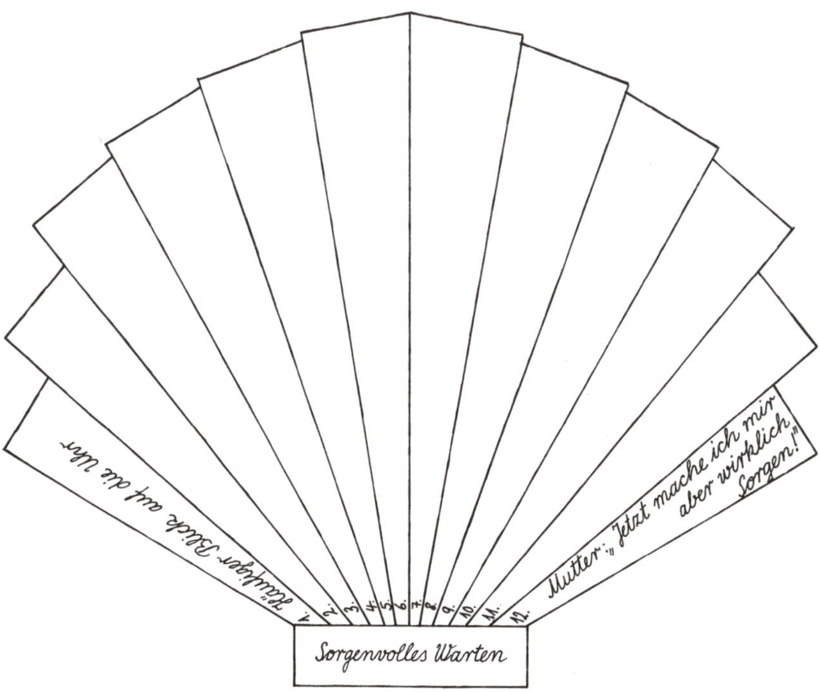

Bleibt dir nach dieser vorbereitenden Arbeit mit dem Fächer nun noch die Aufgabe, die entsprechende Passage im Aufsatz zu verbessern, indem du die Lösungsmöglichkeiten von Aufgabe 2 verarbeitest, d. h. eine geeignete Auswahl triffst.

AUFGABE 3

Schau dir die Aufsatzvorlage jetzt nicht mehr an und schreibe eine verbesserte Fassung. Vielleicht kommen dir sogar noch neue Einfälle beim Schreiben. Gib dir besonders an der Stelle Mühe, an der das Warten und die Sorgen ihren Höhepunkt erreichen.

MERKE

Innere Vorgänge lassen sich sichtbar machen
- durch sprachliche Äußerungen der betreffenden Personen (Reden, Fragen, Befürchtungen, Hoffnungen, Wünsche)
- oder durch deren Handeln und Verhalten (Zeichen, Miene, Gesten, Art der Bewegungen).

Das dient der Anschaulichkeit, kann an geeigneten Stellen eingesetzt ein Mittel der Spannungserhöhung sein und befriedigt auch den Wissensdrang des Lesers.

Im Anschluss an unser Aufsatzbeispiel, das geradezu nach der Entfaltung des „sorgenvollen Wartens" durch sichtbare Tätigkeiten verlangte, wollen wir noch eine Übung zum Veranschaulichen von inneren Vorgängen, von Gefühlen anschließen.

AUFGABE 4

Überlege dir, wie im vorigen Beispiel, Tätigkeiten, Handlungen, auch Reden, die den jeweiligen abstrakten Ausdruck veranschaulichen.

1. Freude über ein Geschenk
2. Zorn
3. Beleidigt sein
4. Angst
5. Lustlosigkeit, Langeweile
6. Zahnschmerzen

Bildliche Ausdrucksweise

Der Anschaulichkeit deines Aufsatzes kann auch die Verwendung von sprachlichen Bildern anstelle der üblichen sachlich-neutralen, das Gemeinte direkt nennenden Ausdrucksweise dienen. Du kannst von jemandem sagen, dass er sich und seine Meinung ohne Rücksicht auf andere und sich selbst unbedingt durchsetzen will, du kannst dafür aber auch sagen „Er will immer mit dem Kopf durch die Wand gehen“. Im Folgenden machen wir dich mit einer Reihe von solchen bildlichen Ausdrücken bekannt. Viele werden dir geläufig sein. Außer einer Erhöhung der Anschaulichkeit dienen sie unter Umständen auch der Abwechslung, wenn du Wiederholungen vermeiden willst wie im folgenden Beispiel:

> „Warum bist du deshalb so traurig? Komm, lass den Kopf nicht hängen, ich habe eine Idee, wie du …“

In jedem Fall musst du genau prüfen, ob ein solches Bild, das du verwenden willst, den Sinn dessen, was du sagen willst, trifft.

AUFGABE 5

Was ist mit den folgenden Ausdrücken gemeint?
In welchem Zusammenhang könnten sie vorkommen?

Kennst du noch andere Ausdrücke dieser Art?

1. den Kopf hängen lassen	2. das Gesicht verziehen
3. die Zähne zusammenbeißen	4. die Nase (den Kopf) hochtragen
5. die Ohren spitzen	6. ganz Ohr sein
7. ein Auge auf jemanden werfen	8. zu Berge stehende Haare
9. mit geschwellter Brust	10. auf Zehenspitzen gehen
11. aufgeblasen sein	12. große Augen machen

13. mit langen Zähnen essen	14. lange Finger machen
15. mit den Achseln zucken	16. Geld zum Fenster hinauswerfen
17. im Geld schwimmen	18. etwas aus dem Ärmel schütteln
19. aus allen Wolken fallen	20. mit dem Feuer spielen
21. aus der Fassung geraten	22. jemandem unter die Arme greifen
23. jemandem auf die Finger schauen	24. mit dem Kopf durch die Wand gehen

Ausdrucksübungen zum Verb

Das Aufsatzschreiben ist eine vielseitige Angelegenheit, und nicht alles ist über Regeln lernbar. Gerade was unser Kapitel von der Anschaulichkeit betrifft, so kannst du hier im Grunde nur durch häufiges und bewusstes Lesen, durch Lernen am Vorbild und durch Eigenproduktion Fortschritte machen. Wir wollen jetzt noch einige Ausdrucksübungen, die Verben betreffend, anschließen. Aber glaube nicht, damit sei es für dich getan, dann hättest du den guten Ausdruck zu eigen. Wie gesagt: Viel lesen und schreiben führt zum Erfolg; denn vor den Erfolg haben die Götter den Schweiß gesetzt.

AUFGABE 6

Suche anstelle der mit dem falschen Verb „machen“ zusammengesetzten Begriffe ausdrucksstärkere mit der gleichen Bedeutung:

1. aufmachen	2. zumachen
3. sauber machen	4. kaputtmachen
5. heil machen	6. eine Arbeit fertig machen
7. tot machen	8. in einem Zimmer Ordnung machen
9. Licht machen	10. bei einer Sache mitmachen

AUFGABE 7

Die folgenden Aufsätze weisen Lücken auf. Es ist möglich, aus dem Textzusammenhang zu erschließen, welche Verben bzw. sonstigen Ausdrücke hier fehlen. Lies die Texte und setze passende Ausdrücke ein. Vielleicht findest du auch mehr als nur eine mögliche Lösung.

Mein Hamster Moritz

Endlich (1) __________ sich mein größter Wunsch, ich durfte mir einen Hamster kaufen. Mit meinem Vater (2) __________ ich zur Zoohandlung und (3) __________ mir den schönsten Hamster aus. Die Verkäuferin (4) __________ ihn zum Transport in eine Schachtel.

Zu Hause angekommen, (5) __________ ich die Schachtel in den Käfig und (6) __________ sie. Aus Angst, dass er mich (7) __________ könnte, (8) __________ ich ganz schnell den Käfig. Meine Schulkameraden hatten mich vor den scharfen Zähnen eines Hamsters (9) __________. Als ich meinen Hamster, den ich inzwischen Moritz (10) __________, das erste Mal fütterte, war ich sehr vorsichtig. Trotzdem gelang es ihm, mich in meinem Daumen zu (11) __________, so dass er blutete. In den nächsten Wochen hatte ich große Angst vor meinem Tier, da Moritz beim (12) __________ und beim (13) __________ des Käfigs immer nach mir hackte. Zur Vorsicht zog ich meine dicksten Winterhandschuhe an, um mich so zu (14) __________. Mit der Zeit hatte sich meine Angst dann (15) __________. Moritz (16) __________ sich langsam an mich. Wenn ich jetzt mit ihm spiele und daran (17) __________, was für eine Angst ich hatte, muss ich lachen. Denn jetzt sind wir die besten Freunde.

Übermut tut selten gut ...

Ich war allein zu Hause. Weil man alleine nicht allzuviel (1) ________ ________ kann, (2) ________ ich mich. Da (3) ________ es an der Tür. Mein Freund (4) ________ draußen. Er hatte einen alten Autoreifen bei sich und wollte mich zum Rodeln (5) ________. Ich ging mit. An der Rodelbahn angekommen, (6) ________ wir mit dem Reifen den Berg hinab. Der Reifen (7) ________ sich dabei und mir war schon ganz schwindlig. Zunächst fuhren wir nur auf der kleinen Bahn. Nach und nach wurden wir mutiger und (8) ________ immer längere Strecken. Zuletzt (9) ________ wir schon die 15- und 16jährigen. Es war ein Riesenspaß. Aber dann wurde mein Freund übermütig und wollte einen absoluten Strecken- und Geschwindigkeitsrekord (10) ________. Ich (11) ________ diese „Runde" nicht mit und (12) ________ auch meinen Freund davon ab. Er (13) ________ aber nicht auf mich, sondern (14) ________ bei seinem Vorhaben. Der Schnee auf der Bahn war inzwischen (15) ________. Der Reifen (16) ________ eine hohe Geschwindigkeit, wurde aus der Bahn (17) ________ und (18) ________ gegen einen Baum. Benommen richtete sich mein Freund auf. Seine Knochen schienen noch ganz zu sein. Nun (19) ________ wir es vor heimzugehen.

Am nächsten Tag, als ich meinen Freund zur Schule abholen wollte, (20) ________ ich, dass man ihn hatte ins Krankenhaus (21) ________ müssen. Am Abend hatte er sich (22) ________ müssen, und der herbeigerufene Arzt hatte eine Gehirnerschütterung (23) ________. Dadurch wurde mir klar, dass man nichts übertreiben sollte.

Der Schreck

In den Ferien (1) ____________ mein Bruder und ich einen Ausflug in den Wald, wir wollten Tiere (2) ____________ . Wir (3) ____________ am Waldrand schon ein paar Spuren von einem Hasen, der wahrscheinlich am Fuß (4) ____________ . Die Spur (5) ____________ in den Wald, und wir (6) ____________ ihr nach. Plötzlich waren wir so weit der Spur (7) ____________ , dass wir nicht mehr (8) ____________ , wie wir wieder aus dem Wald (9) ____________ sollten. „Vielleicht (10) ____________ die Spur wieder aus dem Wald heraus“, sagte mein Bruder. Wir (11) ____________ der Spur also noch ein bisschen nach, aber uns schien, dass wir immer tiefer in den Wald (12) ____________ . Es wurde auch allmählich dunkel. Plötzlich (13) ____________ es im Gehölz. Wir (14) ____________ uns erschrocken um. Es war der Förster. Gott sei Dank! Er (15) ____________ uns dann den Weg aus dem Wald. Wir aber (16) ____________ uns seitdem nicht mehr alleine in den Wald.

Wörtliche Rede

Auch die wörtliche Rede dient der Anschaulichkeit und fördert die Lebendigkeit eines Aufsatzes. Sie vergegenwärtigt das erzählte Geschehen. Das Erlebnis gehört ja der Vergangenheit an und wird deshalb auch in der Zeitform der Vergangenheit erzählt. Aber indem du jemanden direkt, also in Anführungszeichen, sprechen lässt, scheint es so, als würde er jetzt gerade, also in der Gegenwart, reden.

Die wörtliche Rede ist ein ansprechendes sprachliches Mittel, aber du musst dir gut überlegen, wo du es einsetzt. Natürlich kann sie prinzipiell überall vorkommen, am Anfang, in der Mitte, am Ende. Aber nicht immer ist sie gleich wirkungsvoll. Wenn es auch keine Regel gibt, so kann man doch sagen, dass sie sicher gut eingesetzt ist bei der Entfaltung des Teiles, der sich auf die Pointe, den Knüller hin bewegt.
Aber sieh' einmal selbst und probiere es aus.

Da war der Teufel los

In den Sommerferien waren wir, das heißt außer mir, meinen Eltern und meinem Bruder noch eine befreundete Familie, auf einem Campingplatz direkt am Meer. Was gibt es Aufregenderes, als dort die Gelegenheit zu nutzen, die Angeln zur Hand zu nehmen und mit einem Boot hinauszurudern?
Zwar machte uns der Campingwart wenig Hoffnung auf Anglerglück, da es nach seiner Meinung viel zu heißes Wetter war, aber wir ließen uns nicht entmutigen. Wir ruderten etwa 1–2 km auf das ruhige spiegelglatte Meer hinaus, wo es anfing, tiefer zu werden, und warfen unsere Angeln aus. Bei 70 m Tiefe dauerte es eine ganze Weile, bis der Pilger den Grund berührte. Ein kurzes, ruckartiges Anziehen der Angel setzte den Metallköder in Bewegung und sollte die Fische – wir hofften auf eine Dorsch- oder Schellfischmahlzeit – zum Beißen bewegen. Die Zeit verrann. Nichts tat sich. Langsam wurden wir ungeduldig. Dazu die fast unerträgliche Hitze, man war ja der Sonne ohne Schutz voll ausgesetzt. Wir hatten die Hoffnung dann auch schon aufgegeben und hatten uns fast überzeugt, dass der Campingwart wohl doch recht hatte, da saß die Angel unseres Freundes Peter plötzlich fest. Die Schnur ließ sich nicht einholen. Entweder hatte sich der Köder in einem Algenbüschel verfangen, oder ein außergewöhnlich großer Fisch hatte angebissen. Jetzt zogen mein Vater und Peter mit vereinten

Kräften, der eine holte die Schnur Meter um Meter ein, der andere rollte sie auf. Gott, musste da ein Brocken an der Angel sitzen. Jedenfalls mühten sich die beiden furchtbar ab. Die Spannung wuchs. Seltsamerweise spürte man an der Angel nichts, kein Zucken, keine Bewegung wie sonst, wenn ein Fisch am Haken saß. Jetzt durften es höchstens noch 10 m sein. Jeden Augenblick musste er zu sehen sein. Noch ein Zug und noch einer und – um Gottes willen, ein Seeungeheuer. Ein Monstrum mit weitaufgerissenem Maul erschien. Entsetzlich anzusehen! Und die spitzen Zähne. Mein Vater wurde blass. Uns allen wurde weich in den Knien. Mein Vater glaubte, dass es sich um einen Seewolf handelte. Wir getrauten uns aber nicht, das uns nicht geheure Tier ins Boot zu holen. So schnell wir konnten ruderten wir zurück an Land, den Seeteufel im Schlepp, wo unser Fang großes Aufsehen erregte. Ein Norweger, der sich auskannte, nahm sich des Seeteufels an, angeblich eine Delikatesse, und filetierte ihn für uns. Abends aßen wir gebratenes Seeteufelfilet, allerdings mit reichlich gemischten Gefühlen. Der Schreck saß uns noch in den Gliedern.

Das Erlebnis ist ja schon recht packend wiedergegeben worden. Allerdings fehlt noch das Tüpfelchen auf dem i. An manchen Stellen schreit's geradezu nach wörtlicher Rede. Das würde dem Aufsatz neben der Spannung noch eine Portion an Lebendigkeit und Anschaulichkeit bringen, die ihm gut tun würde.

AUFGABE 8

An welcher Stelle bzw. an welchen Stellen würdest du zum Mittel der direkten Rede greifen? Überarbeite den Aufsatz, indem du „wörtliche Reden“ einbaust.

Schlussbilanz: Erlebniserzählung

Du hast nun am Beispiel des Erlebnisaufsatzes Einblick in wichtige Elemente des Erzählens gewonnen und hast auch Gelegenheit gehabt, diese Erkenntnisse in kleineren oder größeren Schreibübungen praktisch anzuwenden. Zum Abschluss unseres Grundkurses solltest du nun noch einmal einen ganzen Erlebnisaufsatz schreiben.

Thema der Erlebniserzählung: Eine große Enttäuschung

MERKE

- Setze den Leser am Anfang rasch ins Bild und mache ihm Appetit auf deine Geschichte.
- Erzähle zielgerichtet auf die Pointe deiner Geschichte zu.
- Entfalte den Hauptteil auf die Pointe zu.
- Erzähle anschaulich, indem du auch wiedergibst, was in den Personen vor sich geht. Überlege dir ausdrucksstarke Verben und steigere die Lebendigkeit deines Aufsatzes auch durch gelegentliche sprachliche Bilder und den richtigen Einsatz von wörtlicher Rede.

4 Phantastisches erzählen

Wirkliches Erlebnis – phantastisches Erlebnis

Was schriftliches Erzählen heißt, haben wir bisher am Beispiel der Erlebniserzählung kennengelernt. In den Lehrplänen und Sprachbüchern wird diesem Typ der Erzählung häufig die sogenannte Phantasieerzählung gegenübergestellt. Dabei handelt es sich nun in keiner Weise um etwas total anderes. Keine Angst. Fast alles, was du bisher über das Erzählen gelernt hast, gilt auch hier; denn auch hier handelt es sich darum, dass **erzählt** werden soll. Und die Gesetze des Erzählens gelten weiter. Auch bei der Phantasieerzählung muss der Verfasser von Anfang an wissen, auf welches Ziel hin er arbeiten will, er muss diese oder jene pfiffige Pointe herausarbeiten und sollte sich auch an einen roten Faden halten. Die erzählerischen Mittel sind also gleich. Der Unterschied besteht vor allem in dem **Wirklichkeitsgehalt** des Erzählten. Bei der Erlebniserzählung wird – wie der Name andeutet – ein **wirkliches Geschehen**, das sich in der Vergangenheit abgespielt hat, wiedergegeben; im Falle der Phantasieerzählung darf, ja muss der Rahmen der Realität, der Wirklichkeit, gesprengt werden. Phantasie ist gefragt. Das Erzählte muss nicht stimmen, es muss in gewissem Sinn nicht einmal möglich sein. Du kannst fliegen wie Peter Pan, unter Wasser atmen wie die schöne Lau, durch Flammenwände spazieren, ohne dass du dich versengst, kannst Gespräche mit Tieren führen, kannst dich mit oder ohne Zeitmaschine in Vergangenheit und Zukunft versetzen und in fernen Ländern seltsame Wesen treffen, Sphinxe, Kranichmenschen, Riesen, Zwerge, kannst auf Scheinriesen stoßen und Steine in Brot verwandeln. Die Phantasieerzählung zielt auf das **Phantastische** ab und erhebt das Unwirkliche geradezu zum Programm. Mag sie sonst alle Naturgesetze außer Kraft setzen oder sich darüber hinwegsetzen … Da es sich bei der Phantasieerzählung auch um Erzählen handelt, muss sie den Gesetzen des Erzählens gehorchen, mit denen du in den vorigen Kapiteln dieses Buches bekanntgemacht worden bist.

MERKE

Erlebniserzählung: Rückgriff auf wirklich Geschehenes oder wenigstens auf Ereignisse, die man wirklich erlebt haben könnte. Erzählerische Gestaltung eines erzählenswerten Erlebnisses auf ein Ziel (Pointe, Knüller) hin.

Phantastische Erzählung: Der Erzählstoff ist erfunden. Naturgesetze können außer Kraft sein. Der Realitätsgehalt spielt keine Rolle, im Gegenteil: je phantastischer, desto besser. Allerdings gelten die Gesetze des Erzählens.

Gestaltung eines phantastischen Erlebnisses nach Vorgabe

Du kennst sicher eine ganze Reihe von Werken, die der phantastischen Literatur zuzurechnen sind. Ich erinnere nur an Swifts „Gullivers Reisen", den mittelalterlichen „Herzog Ernst", Jules Verne mit seiner „Reise zum Mittelpunkt der Erde", die Geschichte vom Schlaraffenland und die ungezählte Science-Fiction-Literatur, die du vielleicht eher in Form von Fernseh-Serien kennst. Wir wollen nun gar nicht so hoch greifen und halten uns in diesem Kapitel an die Lügengeschichten des Barons von Münchhausen, der uns mit seiner blühenden Phantasie und seinem unglaublichen Erfindungsreichtum Pate stehen soll für die Phantasieerzählung:

> ... Ein anderes Mal wollte ich über einen Morast setzen, der mir anfänglich nicht so breit vorkam, als ich ihn fand, da ich mitten im Sprunge war. Schwebend in der Luft wendete ich mich daher wieder um, wo ich hergekommen war, um einen größeren Anlauf zu nehmen. Gleichwohl sprang ich auch zum zweiten Male noch zu kurz und fiel nicht weit vom andern Ufer bis an den Hals in den Morast. Hier hätte ich unfehlbar umkommen müssen, wenn nicht die Stärke meines eigenen Armes mich an meinem eigenen Haarzopfe, samt dem Pferde, welches ich fest zwischen meine Knie schloss, wieder herausgezogen hätte.

AUFGABE 1

Welches sind die erfundenen Ereignisse, die diese Geschichte als phantastische Lügengeschichte entlarven?

AUFGABE 2

Welche Stellen im Verlauf einer Geschichte sind für diese phantastischen Erfindungen besonders geeignet? (Auch hier ist das der Fall.)

AUFGABE 3

Der Erzähler und der Held der Münchhausengeschichte sind ein und dieselbe Person. Es wird in der Ich-Form erzählt. Was folgt daraus für den Ausgang von derartigen Geschichten?

AUFGABE 4

Kennst du noch weitere Münchhausengeschichten? Nenne jeweils das phantastische Ereignis, das über die reale Erfahrungswelt hinausgeht.

MERKE

Das phantastische Ereignis kann wie in den Münchhausengeschichten als Lösung eines Problems, als Rettung in einer kritischen Situation, als Ausweg zum Guten eingesetzt werden. Die Wahl der Ich-Erzählung legt einen positiven Ausgang nahe.

Gemessen an dem, was du bis jetzt an Erlebniserzählungen kennengelernt oder selbst verfasst hast, wird dir die „Schopf-Geschichte" von Münchhausen sehr knapp und sachlich erzählt vorkommen. Man hätte sie viel aufregender erzählen können. Versuch es doch einmal selbst.

AUFGABE 5

Gestalte die „Schopf-Geschichte" Münchhausens zu einer in sich abgeschlossenen Erzählung mit phantastischer Lösung aus. Denke dabei an:
- die Einleitung mit ihren beiden Aufgaben
- die Proportionen der Aufsatzteile (das Erzählfischchen!)
- den roten Faden
- die Entfaltung an den richtigen Stellen, z.B. vor der Lösung, der Rettung aus der kritischen Lage, wodurch die Spannung gesteigert werden kann.

Wer weiß weiter? Eine Fortsetzung finden

Bisher haben wir uns auf die Erfindungsgabe eines anderen verlassen können und Münchhausen selbst in Anspruch genommen. Wie sieht es nun aber mit unserer eigenen Phantasie aus? Probieren wir, ob uns etwas einfällt. Und wenn nicht, überlegen wir einmal, wie wir sie etwas kitzeln können, unsere Phantasie!

Versetze dich jetzt in die Lage Münchhausens. Du bist sozusagen ein moderner Lügenbaron, du sitzt am Stammtisch und erzählst von einem unglaublichen Erlebnis. Deine Geschichte beginnt ganz harmlos:

> Mein tollstes Abenteuer hatte ich im Jahr 1999. Nur mit Schaudern erinnere ich mich noch daran. Es war früh am Morgen an einem Werktag. Um Viertel vor Sieben musste ich aus dem Haus gehen, um rechtzeitig zur Arbeit zu kommen. Mein Büro befand sich im obersten Stockwerk eines zehnstöckigen Hochhauses. Wie immer sprang ich die Treppen zum Haupteingang hoch, immer zwei Stufen auf einmal nehmend. Vorbei am Portier, der wie immer hinter seiner Glasscheibe sitzend meinen Gruß nickend erwiderte, durchquerte ich die Eingangshalle, gelangte zum Fahrstuhl und gesellte mich zu den Wartenden. Zu fünft zwängten wir uns in den Fahrstuhl. Ich drückte gewohnheitsgemäß den Knopf, der den Aufzug für die Fahrt bis zum letzten Stockwerk programmierte. Mit jedem Stopp leerte sich der Fahrstuhl mehr. Zuletzt war ich allein. Die Neun leuchtete auf, dann die Zehn. Ich machte mich zum Aussteigen bereit. Endstation. Aber was war los? Der Aufzug hielt nicht. Elf, Zwölf, Dreizehn, Vierzehn … Das war doch nicht möglich …

So, nun bist du an der Reihe. Setze diese angefangene Geschichte fort. Leichter gesagt als getan, denkst du. Wie soll man an eine solche Aufgabe herangehen? Das wichtigste sind Ideen, ist Phantasie. Kann man die so einfach herbeizitieren? Nein, das sicher nicht. Aber dasitzen und nur auf die Eingebung warten? Nein, das hilft auch nicht. Also was tun?

MERKE

Wenn du zu einem vorgegebenen Anfang eine Fortsetzung schreiben sollst, dann darfst du dich über die Vorgabe nicht hinwegsetzen. Folgende Vorarbeiten helfen dir, eine passende Lösung zu finden:

1. Den vorgegebenen Erzählanfang genau und aufmerksam lesen! Schauen, welche Informationen, die für den weiteren Verlauf der Geschichte wichtig sein können, im Anfang enthalten sind!
2. Diese interessanten Informationen als Stichworte herausschreiben, damit sie von dem Text isoliert sind und dir in die Augen fallen!
3. Sich das Problem klarmachen und es in einem Satz (er darf ruhig etwas länger sein) formulieren.
4. Eine Lösung des Problems suchen, die phantastisch sein darf und einen Ausweg darstellt, die möglicherweise drohende Katastrophe abwendet und zu einem guten oder wenigstens annehmbaren Ende führt.

Nachdem du jetzt die 4 Schritte kennengelernt hast, die dir eine Hilfe sein sollen, auf Ideen zu kommen, wollen wir einmal sehen, ob diese Methode auch bei dir funktioniert.

AUFGABE 6

Welche Informationen sind wichtig? Suche sie aus dem Text heraus und notiere sie als Stichworte untereinander.

AUFGABE 7

Formuliere das Problem. Suche mehrere Lösungen des Problems, so dass die sich anbahnende Katastrophe abgewendet und die Geschichte zu einem guten Ende geführt werden kann.

AUFGABE 8

Schreibe die Geschichte zu Ende. Passe dabei deine Fortsetzung an die Sprache und die Schreibart der Vorgeschichte an.

Fragen helfen der Phantasie auf die Sprünge

Ein bisschen geholfen haben dir die Hinweise, wie du vorgehen sollst, wohl schon. Aber das Versprechen mit dem Kitzeln der Phantasie ist doch noch nicht eingelöst worden. Zugegeben. Machen wir also einen zweiten Versuch!

> Im Schullandheim zur Zeit der Bettruhe. Es ist dunkel. Sechs Schüler liegen zusammen auf einem Zimmer. Da kommt einer auf die Idee, Geschichten zu erzählen. Es soll ein Wettkampf im Erzählen von Lügengeschichten werden, wobei die Ausgangssituation vorgegeben wird. Der Schüler mit der blühendsten Phantasie hat die Aufgabe, den Anfang vorzugeben. Er will einmal in einem Tunnel gefahren sein, der lange Zeit kein Ende nahm. Endlich wurde ein kleiner Lichtschimmer sichtbar, und als dieser näher kam und größer wurde, war die Überraschung groß …

Jetzt soll die Geschichte fortgesetzt werden. Merkwürdige, phantastische Dinge sollen sich ereignet haben, und gefährlich soll die Sache auch gewesen sein, dann aber doch zu einem guten Ende kommen. Das sind die Regeln.
Nun rattert es in den Gehirnkästen. Für die Suche nach Merkwürdigem, Phantastischem, Gefährlichem hat jeder 5 Minuten Zeit. Jeder hat seine eigene Methode, Ideen zu finden: zum Beispiel die Frage-Methode. Du kennst sie nicht? Na, dann wollen wir dir einmal vorführen, wie das funktioniert. Pass auf!
Man knüpft immer an die letzte Information, die einen Schritt weiterführen könnte, weitere Fragen an. Es ist so, wie wenn du einen flachen Wasserlauf überqueren willst, ohne nass zu werden: Du suchst dir immer den nächsten größeren Stein im Bach, den du trockenen Fußes betreten kannst und der dich ein Stück deinem Ziel, dem anderen Ufer, näher bringt. Hier in unserem Fall sind die Steine die weiterführenden Fragen.
Konkret: Die letzte weiterführende Information der Tunnelgeschichte ist wohl „der Lichtschimmer" der näher kommt und immer größer wird.

> Was ist das für ein Licht? Hört der Tunnel auf? Handelt es sich um ein künstliches Licht? Ist es Tageslicht? etc.
>
> Nun musst du dich auf eine Antwort festlegen. Z.B. „Der Tunnel hört auf."

An diesem Baustein knüpfst du das nächste Fragenpaket an:

- Was erwartet dich am Ende des Tunnels? Etwas Überraschendes? Gefährliches? Lustiges? Merkwürdiges? etc.

Entscheidung: Eine gefährliche Überraschung.

- Wie sieht die Überraschung aus? Ist die Straße abrupt zu Ende? Endet sie als Schanze für Autos? etc.
- Merkst du das früh genug? Nein! Was passiert? Fliegst du mit dem Auto durch die Luft? Ja!
- Was siehst du? Das Ende der Welt? Eine Schlucht? Ein Tal? Dass die Straße unten weitergeht?
- Was ist die Ursache? Ein Erdrutsch?
- Was denkst du?
- Wie sehen deine Gefühle aus?
- Welche Gefahr siehst du auf dich zukommen?
- Gibt es eine Rettungsmöglichkeit?
  Fallschirm im Auto? Regenschirm? Bremsraketen?
  Schwerelosigkeit? Auftrieb? Auffangnetz! etc.

AUFGABE 9

Schreibe die Tunnelgeschichte, indem du dich von unseren Fragen zur Fortsetzung und Lösung anregen lässt. Falls dir das zu langweilig ist und du der Tunnelgeschichte lieber eine andere Richtung geben willst, so denke dir eine andere Überraschung beim Austritt aus dem Tunnel aus. Denke an die Fragemethode, und notiere dir dabei Stichworte.

MERKE

Fragen können deiner Phantasie auf die Sprünge helfen. Du musst sie wie der Fischer sein Netz auswerfen.

Gehe immer vom letzten Informationsstand aus. Frage, wie es weitergeht, ob etwas Überraschendes eintritt, ob es gefährlich, merkwürdig, unnatürlich, außergewöhnlich ist, worin die kritische Situation besteht, was du dabei siehst, denkst, fühlst, ob es einen Ausweg, eine Rettung, Lösung gibt und wie diese aussieht.

Natürlich ist diese Methode nicht exakt wie ein Automat. Du darfst nicht erwarten, dass sie wie ein Automat funktioniert. Deine Fragen sind eher mit einer Feder vergleichbar, mit der du deine Phantasie kitzelst und anregst. Eine Garantie auf Erfolg gibt es allerdings nicht. Aber ausprobieren solltest du, ob es dir gelingt, mit Hilfe solcher Fragen die Bausteine zu einer Phantasiegeschichte zu sammeln.

AUFGABE 10

Abenteuer bei der Schatzsuche! In dieser Phantasieerzählung kommst du in den Besitz einer Schatzkarte (vgl. S. 47). Wie? Auf welche Weise? ...

Du triffst die nötigen Vorbereitungen und machst dich auf den Weg, den Schatz zu suchen. Wie kommst du zur Schatzinsel? Natürlich ist eine Schatzsuche keine kleine Sache. Du musst eine Reihe von Abenteuern bestehen. Was für Hindernisse und Gefahren begegnen dir? Geht die Gefahr von der Landschaft, den Menschen, Tieren, fremden Wesen aus?

Der Schatz ist natürlich auch gesichert. Da sind Prüfungen, unter Umständen sogar auf Leben und Tod, zu bestehen. Wie sieht die Sicherung des Schatzes aus? Ist sie mechanisch? Oder gibt es einen Bewacher? In welche Gefahr gerätst du? Wie gelingt es dir, die Prüfungen zu bestehen und der Gefahr zu entgehen?

Im Folgenden bieten wir dir noch zwei Themen an. Suche dir eines zur Bearbeitung aus! Jetzt helfen wir dir allerdings nicht mehr mit Fragen auf die Sprünge. Du weißt ja jetzt, wie es geht.

AUFGABE 11

Du hattest Gäste eingeladen und warst in Sorge, dass der Pudding, den du zum Nachtisch servieren wolltest, nicht ausreichen würde. Deshalb wünschtest du dir: Ach, könnte sich der Pudding doch vermehren! Dein Wunsch ging in Erfüllung. Aber der Puddingberg wuchs und wuchs ...

AUFGABE 12

Weitab von jedem Flughafen sahst du, wie ein Flugzeug eine Notlandung machte. Zerlumpte, fremde Gestalten stiegen aus und kamen auf dich zu. Plötzlich erkanntest du, dass die verunglückten Passagiere nicht nur aus einem fremden Land, sondern auch aus einer anderen Zeit kamen ...

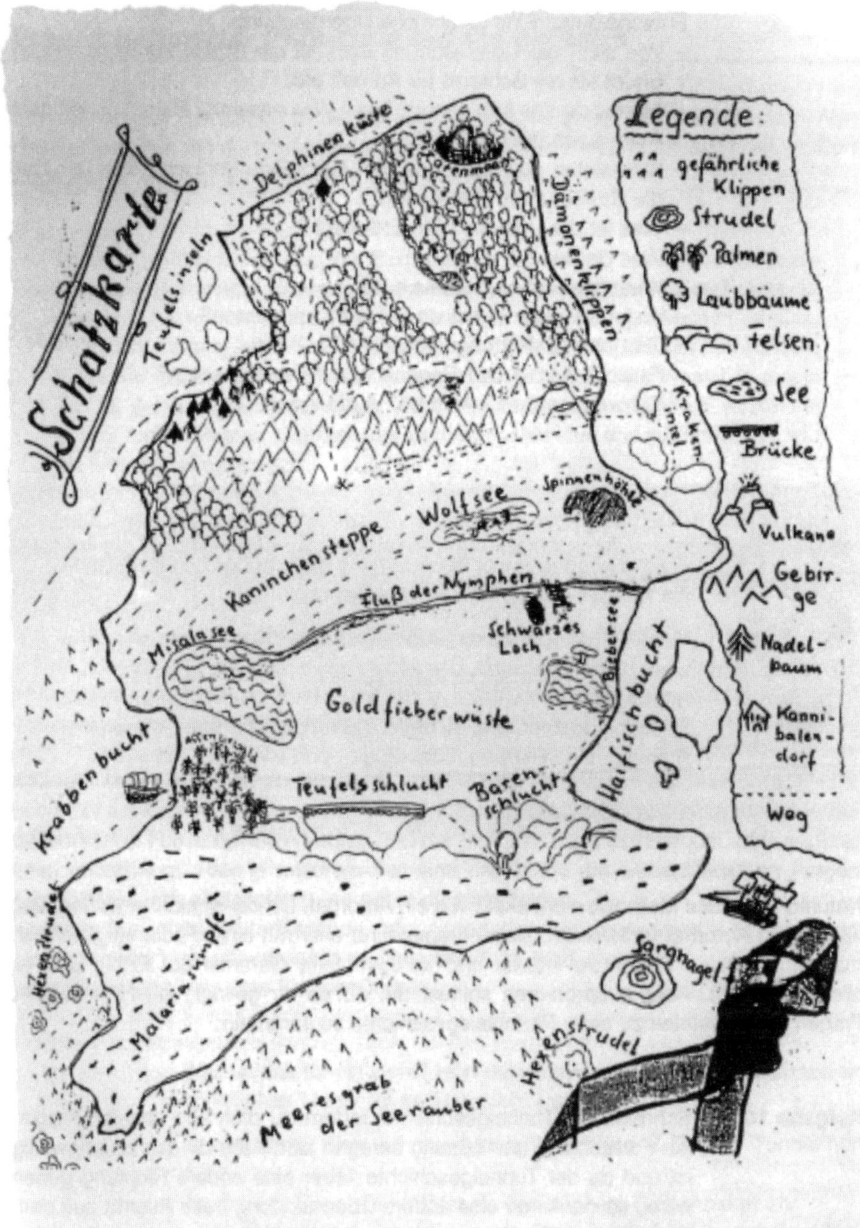
Schatzkarte
Legende:
gefährliche Klippen
Strudel
Palmen
Laubbäume
Felsen
See
Brücke
Vulkane
Gebir-ge
Nadel-baum
Kanni-balen-dorf
Weg
Delphinenküste
Dämonenklippen
Teufelsinseln
Krakeninsel
Spinnenhöhle
Wolfsee
Kaninchensteppe
Fluß der Nymphen
Schwarzes Loch
Misalasee
Bibersee
Haifischbucht
Goldfieberwüste
Teufelsschlucht
Bären-schlucht
Krabbenbucht
Malariasümpfe
Sargnagel
Hexenstrudel
Meeresgrab der Seeräuber

5

Aus der Sicht einer beteiligten Person erzählen

Eine Geschichte – Zwei Ansichten (Perspektiven)

Und das sind die Fakten, wie sie in einer Zeitungsnotiz zu lesen waren:

> Am Freitag, den 13. 7., wurden im Kaufhaus Apollo zwei junge Warenhausdiebe im Alter von 12 Jahren entlarvt. Sie waren der Aufmerksamkeit des Hausdetektivs nicht entgangen. Er hatte sie gestellt, als sie ihre Ware an der Kassiererin vorbeizuschmuggeln versuchten. Die Eltern der Jungen müssen nun mit einer empfindlichen Strafe rechnen.

In dieser Meldung sind nur die groben Fakten der Tat erwähnt. Du kannst dir aber sicher vorstellen, dass um diese Fakten herum noch einiges Betrachtens- bzw. Erzählenswertes liegt, z.B. der genaue Tathergang, was die Jungen versucht haben zu stehlen und wie sie es angestellt haben; auch was sie dabei überlegt haben, ob sie Angst hatten usw. Interessant wäre auch zu wissen, was auf der anderen Seite der Hausdetektiv dazu zu sagen hätte; wie er auf die Jungen aufmerksam geworden ist, seine Beobachtungen, Überlegungen und sein Eingreifen.

Wir sind sicher, dass zwei im Kern gleiche, im Drumherum aber ganz unterschiedliche Erzählungen herauskämen. Schon allein das Gesicht, das jeder beim Erzählen machen würde, spräche Bände. Hier siehst du zwei Gesichter, ein Lach- und ein Weingesicht:

AUFGABE 1

Wer erzählt mit welchem Gesicht? Warum? Begründe.
Kannst du dir vorstellen, dass die Stimmung, die durch das Lach- bzw. Weingesicht verdeutlicht wird, das beeinflussen und färben kann, was die entsprechenden Personen erzählen, und vor allem auch die Art und Weise, wie sie es erzählen?

MERKE

Die Erzählung fällt anders aus je nachdem, welche an einem Geschehen beteiligte Person erzählt. Das liegt u.a. daran, worauf der Erzähler Wert legt, was er für wichtig hält.

Es hängt auch von seinem Charakter ab, ob er z. B. gern aufschneidet oder bescheiden, zurückhaltend, sensationslüstern, gehässig, menschenfreundlich, tolerant, etc. ist.

Es kann auch davon abhängen, in welcher Situation und wem erzählt wird (am Stammtisch zur Belustigung, bei der Polizei, vor Gericht als Rechtfertigung, den Eltern, Klassenkameraden).

AUFGABE 2

Erzähle diesen Vorfall und seine Umstände aus der Sicht eines der beiden Jungen. Aus dem, was und wie du schreibst, soll zu erkennen sein, dass er sein Handeln ehrlich bereut.

AUFGABE 3

Für den Kaufhausdetektiv ist dieser Fall ein gefundenes Fressen. Er hatte lange keinen Erfolg. Von Natur aus etwas zur Angeberei neigend erzählt er abends am Stammtisch seinen Freunden von seiner Heldentat. Schlüpfe in seine Rolle und erzähle die Geschichte.

Alles hat zwei Seiten – Märchen verändern

Wir alle sind als Kinder mit den Märchen der Gebrüder Grimm aufgewachsen. Wahrscheinlich hat dich damals auch der Wolf im Märchen von „Rotkäppchen“ und in den „7 Geißlein“ geängstigt; denn typisch für die Wölfe unserer Märchen ist ja ihre Bosheit. Nun, es gibt sicher viele Gründe, warum die Wölfe in unseren Märchen eine so unschöne Rolle als Kinderschreck übernehmen mussten. Ein kluger und witziger Mann jedenfalls hat sich überlegt, dass das ja auch vielleicht nur an der Erzählperspektive liegen könnte. Er hat sich überlegt, wie diese Märchen eigentlich aussehen würden, wenn sie vom Wolf oder aus der Sicht des Wolfes erzählt worden wären. Und angeregt durch diesen Gedanken hat er eine ganze Reihe von Märchen aus Spaß „verwirrt“, hat dabei den „7 Geißlein“ z.B. eine Vorgeschichte hinzugefügt, aufgrund derer uns verständlich wird, weshalb der Wolf so böse reagiert. Wir wollen jetzt so etwas Ähnliches mit der „bösen“ Hexe machen. Die Hexe ist in Wirklichkeit gar keine Hexe und auch nicht böse, sondern eine friedliebende, gutmütige alte Frau, die einsam im Wald lebt. Nach ihrer tödlichen Begegnung mit Hänsel und Gretel steht sie jetzt vor dem himmlischen Gericht und erzählt die Geschichte aus ihrer Sicht, so wie sich alles in Wirklichkeit zugetragen habe. Das ist eine Möglichkeit, den guten Ruf der alten Frau wiederherzustellen, da sie durch die Darstellung der beiden Kinder, wie sie das Märchen übernommen hat, einen wirklich unverdient üblen Ruf bekommen hat.

Bevor du ans Schreiben gehst, musst du dir natürlich die Rolle klar machen, aus der heraus du schreibst. Überlege:

AUFGABE 4

Wer spricht? Welches Personalpronomen musst du wählen?
Für Anfang und Schluss deiner Erzählung kann interessant sein, in welcher Situation die Frau spricht. Um welche Situation handelt es sich?

AUFGABE 5

Der gutmütige Charakter der Frau muss in ihrer Darstellung herauskommen. Wie darf sie nicht sein? Was darf sie also alles nicht getan haben?

AUFGABE 6

Von welcher Stelle an kennt die Frau die Ereignisse und Handlungen der Kinder aus eigener Anschauung, und was kann sie nur von den Kindern erfahren haben über deren Erlebnisse und Verhältnisse?

AUFGABE 7

Welches Motiv können Hänsel und Gretel für ihre Boshaftigkeit gehabt haben?
Wie könnte es zu dem Tod der Frau gekommen sein?

AUFGABE 8

Schreibe nun das Märchen im oben beschriebenen Sinn um! Denke an die andere Sichtweise der Erzählerin! Die Ich-Form begünstigt die Äußerung von Gedanken und Gefühlen.

AUFGABE 9

Wenn du Lust hast, kannst du in diesem Sinn auch andere dir bekannte Märchen umschreiben. Lass z.B. den Wolf im Rotkäppchen erzählen, was für einen Ärger er mit dem ungezogenen Gör Rotkäppchen hatte.
Oder: Die angeblich bösen Schwestern des Aschenputtels hätten vielleicht auch eine interessante Version zu erzählen.
Oder: Wie könnte die Geschichte vom Hasen und Igel aus der Sicht des Hasen aussehen?
Oder: Rumpelstilzchen will sich vielleicht auch gegen die „Verleumdungen" der Gebrüder Grimm wehren?

6 Nach Bildgeschichten erzählen

Übersetzung aus der Bilder- in die Wortsprache

Erzählen kann man auch mit Bildern, mit den laufenden, die du aus Kino und Fernsehen kennst, und mit den stehenden, den Einzelbildern der Bildgeschichten: Micky Maus, Asterix und wie sie alle heißen. Sie teilen uns genau wie andere Geschichten etwas mit, aber eben nicht in der Wortsprache, sondern in der Sprache der Bilder. Eine Bildgeschichte ist schnell überblickt; denn die ganze Geschichte besteht ja nur aus wenigen Bildern; nur wichtige Begebenheiten werden vom Zeichner herausgesucht: die Ausgangssituation, das Erzählziel oder die Schlusspointe und dazwischen einzelne Stationen, die die Geschichte von der Ausgangssituation auf das Erzählziel hin entwickeln.

Wie gefällt dir die Bildgeschichte von E. O. Plauen auf S. 53? Im Grunde würde es dir wahrscheinlich genügen, diese hübsche Bildgeschichte angeschaut zu haben. Aber du befindest dich mitten in einem Aufsatzschreibkurs, und deswegen hast du nun noch eine andere Aufgabe zu erledigen: eine Schreibaufgabe. Achtung: Es geht nicht darum, die Bilder zu beschreiben oder in Worte umzusetzen, sondern die ganze Geschichte, die den Bildern zugrunde liegt, in der Wortsprache wiederzugeben. Um diese Aufgabe erfüllen zu können, ist als Vorarbeit nötig, die Geschichte, die in den Bildern steckt, erst einmal richtig zu verstehen.

AUFGABE 1

Gib mit wenigen Sätzen wieder, was auf den einzelnen Bildern zu sehen ist.

AUFGABE 2

Was geschieht außerhalb der Bilder? Davor? Dazwischen? Danach?

1
2
3
4
5
6
7
8

AUFGABE 3

Welche Personen kommen in dieser Geschichte vor? Sind alle Personen gleich wichtig? Gibt es einen „Helden“? Welche Rolle spielt der Sohn? Begründe deine Meinung.

AUFGABE 4

Was ist das Erzählenswerte, der Knüller, die Pointe dieser Geschichte?

AUFGABE 5

Mit welchem Bild erhält die Handlung eine Wendung? Wodurch unterscheidet sich dieses Bild in der Art der Darstellung von den übrigen Bildern?

MERKE

Bevor du die Geschichte, die der Bildersprache zugrunde liegt, in der Wortsprache wiedergeben kannst, musst du dir den Sinn, den Verlauf und die Zusammenhänge dieser Geschichte erschließen.

Dazu gehört, dass du auch das Geschehen außerhalb der Bilder mitüberlegst.

Die inhaltlichen Zusammenhänge sind nun geklärt. Mit der letzten Aufgabe hast du dir aber auch schon über die Darstellungsweise eines wesentlichen Elements der Handlung Gedanken gemacht. Und zur Darstellungsweise gibt es noch mehr zu beobachten. Es geht ja in der Bildgeschichte recht turbulent zu, und auf keinen Fall leise. Das kann man sagen, obwohl die Bilder an sich lautlos sind und wir alle Informationen über das Auge, nicht über das Ohr aufnehmen. Trotzdem haben wir den Eindruck, dass wir beim Betrachten der Bilder auch etwas hören. Oder?

AUFGABE 6

Welche Bilder vermitteln den Eindruck, als ob es da etwas zu hören gibt? Auf welche Weise wird diese Wirkung erzielt?

Erinnere dich an das Kapitel über die „Anschaulichkeit“, die durch sprachliche Bilder erzeugt wird. Dort hast du gesehen, dass man auf diese Weise auch Gefühle sichtbar machen kann. Erst recht ist der Zeichner einer Bildgeschichte mit seinen Mitteln in der Lage, solche Gefühle darzustellen.

AUFGABE 7

In welchen Bildern werden Gefühle sichtbar? Welche? Wie werden sie ausgedrückt? Gibt es Stellen, die wörtliche Rede nahelegen?

MERKE

Zur Vorbereitung deiner „Übersetzung“ der Bildgeschichte in die Wortsprache überlege dir, an welchen Stellen Gedanken und Gefühle zum Ausdruck kommen sollen und wo es geeignete Möglichkeiten zur Verwendung der wörtlichen Rede gibt.

AUFGABE 8

Erzähle jetzt die Geschichte aus der Sicht des Sohnes. Aus welcher Grundstimmung heraus erzählt er?

AUFGABE 9

Und nun zur Übung und, weil da ganz andere Überlegungen und Gefühle zum Ausdruck kommen müssen, lass den Einbrecher die Geschichte erzählen. Mach dir klar, welches seine Grundstimmung ist.

Zusammenhänge erkennen

Du findest auf Seite 56 eine Geschichte in 9 Bildern. In diesen 9 Bildern vollzieht sich ein Stimmungswandel bei dem Mann, der für die Familie sicher rätselhaft ist. Sie haben es doch so gut gemeint. Warum reagiert der Mann am Schluss so heftig? Das muss damit zusammenhängen, was im Verlauf der Bilder geschieht. Auch der Gesichtsausdruck der Frau und der Kinder ist am Schluss ins Gegenteil verändert. Warum sind sie so bestürzt? Verstehen sie die Reaktion und die Zusammenhänge? Können sie sie überhaupt verstehen? Hier tun sich eine Reihe von Fragen nach dem Zusammenhang der Vorgänge auf.

Nun kann es passieren, dass die einzelnen Personen der Geschichte den ursächlichen Zusammenhang dessen, was da vor sich geht, gar nicht erkennen. So ist das in dieser Bildgeschichte. Die Familie weiß nicht, wie ihr geschieht.

Der Mann im Grunde auch nicht, er denkt sich aber etwas. Da seine Gedanken falsch sind, kommt es zu dem Ausbruch in Bild 9. Der einzige, der von Anfang an die Zusammenhänge kennt, ist der „Leser“ der Bildgeschichte. Soweit so gut. Gehen wir wieder an die Arbeit!

Nachdem allmählich mehr Besonnenheit einkehrt, die Bereitschaft, miteinander zu sprechen, wächst, erklärt die Frau dem Mann ihre doch so gute Absicht mit dem Nachsenden des Hutes. Und dann das! Natürlich wird der Mann immer milder gestimmt und wird wegen seiner Handlungsweise ganz beschämt. Als Entschuldigung erzählt er die Sache, wie sie sich für ihn dargestellt hat.

AUFGABE 10

Wie könnte der Mann erzählen? Versetze dich in seine Lage, empfinde mit ihm sein Bedauern, und erzähle nur das als gewiss, was er sicher wissen kann – alles andere als Vermutung. Der ursächliche Zusammenhang seines Handelns soll deutlich werden.

MERKE

Zur Klärung des Zusammenhangs einer Bildgeschichte helfen dir
- Fragen nach den handelnden Personen (wie viele, Geschlecht, Beruf etc.) und ihren Beziehungen zueinander (Herr – Diener, verheiratet oder nicht etc.),
- die Fragen nach ihrem Handeln und den Gründen ihres Handelns
- und die Fragen nach begleitenden Umständen (Wetter, schnell oder langsam etc.).
- Hauptfragewörter zur Erschließung des ursächlichen Zusammenhangs sind warum und wie und wozu.

AUFGABE 11

Auch bei der Bildgeschichte auf S. 58 müssen wir uns zuerst die Zusammenhänge der Geschichte klarmachen.
Wie viele Personen kommen vor? Männer, Frauen? Stellung der Personen? Gehören sie zusammen? Wenn ja – wie? Hauptpersonen, Randfiguren?

AUFGABE 12

Danach beschreibe knapp den Sachverhalt, der in jedem einzelnen Bild dargestellt ist und nenne auffällige Details (Einzelheiten). Die Frage nach dem **Was, Warum, Wozu** oder **Wie** muss dich dabei immer begleiten. Was siehst du alles in den Bildern? Ein Beispiel mag dir deine Aufgabe verdeutlichen.

Erstes Bild:
1. Der Burgherr übergibt seinem Diener einen Brief. Warum?
2. Er sagt etwas. Was?
3. Er sitzt am Tisch. Auf dem Tisch: Tintenfass und Feder. Warum? Was soll damit angedeutet werden?

Zweites Bild:
Diener eilt eine Treppe hinunter. Überspringt Stufen. Warum?

AUFGABE 13

In der Bildgeschichte erfüllt der Bote seinen Auftrag wortlos. Später im Wirtshaus, als er seinen Freunden von der Sache erzählt, lässt er seinen Gefühlen freien Lauf. Erzähle die Geschichte aus der Perspektive des Boten. Lass uns auch wissen, was er denkt und fühlt.

1
2
3
4
5
6
7
8
9
FREMURA

Eine Nacherzählung – was ist das?

Nacherzählen setzt der Phantasie Grenzen

„Nacherzählen – das ist doch ganz einfach!“ Uwe ist zu einer Geburtstagsfeier eingeladen. Dort kennt er nur ein Thema: Das Buch, das er gerade gelesen hat. „Erzähl doch schon!“, fordern seine Freunde ihn auf. Und Uwe beginnt zu erzählen:

> (1) Also, das war ein ganz gefährliches Abenteuer, als der Hannes seine Mutprobe auf dem Dach gemacht hat. (2) Die Krokodiler haben alle ganz laut geschrien, um ihn anzufeuern. (3) Aber dann konnte er nicht mehr vom Dach herunterklettern. (4) Maria stand in einem Telefonhäuschen und hat beobachtet, wie Hannes gerettet wurde. (5) Die Männer haben eine Strickleiter heruntergelassen, daran hat sich der Hannes festgehalten und wurde dann in den Hubschrauber hochgezogen.

„Das soll ein spannendes Buch sein?“ Karin unterbricht den Erzähler und gähnt laut, damit alle merken, dass sie keine Lust mehr hat, weiter zuzuhören. Vermutlich geht es dir wie Karin: Du kannst Uwes Begeisterung für das Buch nicht teilen. Ob das an dem Buch liegt, das er gelesen hat? Oder vielleicht an der Art, wie Uwe erzählt?

Erinnere dich, die Nacherzählung ist in erster Linie eine Erzählung, nach einer Vorlage zwar, aber eben auch eine Erzählung. Viele der Regeln, die wir uns im ersten Teil für das Erzählen erarbeitet haben, sind hier genauso wichtig. Auch bei einer Nacherzählung sollte die Einleitung nicht fehlen, muss der Hörer/Leser ins Bild gesetzt werden, muss ihm Appetit gemacht werden. Und wenn die Geschichte erzählt wird, solltest du an den roten Faden denken, damit deinem Leser/Hörer der Zusammenhang der Ereignisse klar und deutlich vor Augen steht.

AUFGABE 1

Lies Uwes Nacherzählung nochmals genau durch. Was macht Uwe falsch? Warum hat niemand so recht Lust, ihm zuzuhören? Notiere dir in Stichworten Uwes Hauptfehler.

Es ist offensichtlich, dass Uwe Schwierigkeiten mit dem anschaulichen, spannenden Erzählen hat. Vielleicht sollten wir einen Blick aufs Original, auf die Vorlage werfen, damit wir genauer vergleichen können.

AUFGABE 2

Lies den Anfang des Jugendbuches „Vorstadtkrokodile“ von Max von der Grün aufmerksam durch. Vergleiche den Inhalt mit Uwes Geschichte. Weicht der Inhalt ab, wenn ja, wo?

Vorstadtkrokodile

Max von der Grün

„Du traust dich ja doch nicht! Du Angsthase!“ rief Olaf, ihr Anführer.

Und die Krokodiler riefen im Chor: „Traust dich nicht! Traust dich nicht!“

Nur Maria, Olafs Schwester, dreizehn Jahre und damit ein Jahr jünger als ihr Bruder, hatte nicht mitgeschrien, sie hatte so viel Angst um Hannes, dass sie wegsah. Die neun Krokodiler standen in einem Halbkreis am Ende der Leiter, die senkrecht zehn Meter hoch zum Dach führte, und sahen gespannt zu, wie Hannes, den sie Milchstraße nannten, weil er so viel Sommersprossen im Gesicht hatte, langsam die Sprossen hochkletterte, um seine Mutprobe abzulegen. Die war Bedingung für die Aufnahme in die Krokodilbande. Hannes hatte Angst, das konnte man ihm ansehen, er war zudem nicht schwindelfrei, aber er wollte es den größeren Jungen beweisen, dass er als Zehnjähriger so viel Mut besaß wie sie, die alle schon diese Mutprobe abgelegt hatten. Hannes hing ängstlich an der verrosteten Feuerleiter und wagte nicht, nach unten zu sehen.

„Komm runter, du schaffst es ja doch nicht, du Schlappschwanz!“, rief Olaf wieder, und die anderen Jungen lachten.

Hannes tastete sich langsam und vorsichtig die wackelige Feuerleiter zum Dach hoch. Je höher er kletterte, desto mehr schwankte die Leiter, denn ihre Verankerung war an mehreren Stellen aus der Wand gerissen. Einige Sprossen waren so verrostet, dass Gefahr bestand durchzubrechen, wenn sie belastet wurden. Hannes wagte nicht, nach unten zu sehen, er sah nur nach oben, wo er sein Ziel vor Augen hatte.

Endlich war Hannes am Dach angekommen. Er sah zum erstenmal nach unten. Ihm wurde schwarz vor Augen, er machte sie sofort wieder zu, zehn Meter sind doch eine ganz schöne Höhe. Damit er nicht vor Angst aufschrie, presste er die Zähne aufeinander, so sehr, dass ihm die Kiefer schmerzten. Aber er hatte leider nur den ersten Teil der Mutprobe abgelegt, der zweite Teil bestand darin, dass er von der Leiter auf das Dach klettern und oben auf dem First beide Arme heben und „Krokodil“ rufen musste, dann durfte er wieder herunterklettern.

„Los! Weiter! Kletter doch auf das Dach“, rief Olaf.

„Nur keine Angst haben, Milchstraße“, rief Frank.

Maria sagte leise zu ihrem Bruder: „Lass ihn runterkommen. Er wird abstürzen.“

Aber Hannes kletterte schon von der Leiter über die Dachrinne auf das Dach, legte sich dort auf den Bauch und kroch langsam zum First hoch, wobei er sich mit den Händen an den Dachziegeln hochzog und mit den Füßen, wenn er einen Halt gefunden hatte, abstützte. Das ging langsam, Zentimeter für Zentimeter nur kam er vorwärts, es war mühsam und kräfteraubend, er musste vorsichtig sein, denn im Laufe der Jahre waren viele Dachziegel morsch geworden, verwittert, so dass seine Kletterei nicht ungefährlich war. Manchmal, wenn er glaubte, einen Halt gefunden zu haben, riss ein Dachziegel unter seinen Händen weg und klatschte unten auf den Hof. Dann blieb Hannes vor Schreck liegen, ohne sich zu rühren. Endlich war er am First angekommen.

Hannes keuchte, er ruhte ein paar Minuten auf dem Bauch liegend aus, dann setzte er sich vorsichtig auf, hob beide Arme und rief: „Krokodil, Krokodil! Ich hab' es geschafft!“

Die Krokodiler unten auf dem Hof riefen zurück: „Du bist aufgenommen! Hurra! Milchstraße, komm runter, du bist aufgenommen!“

Und Olaf rief noch: „Das hast du gut gemacht. Prima!“

Aber seine Schwester, die neben ihm stand, sagte wieder leise: „Er wird bestimmt abstürzen.“

„Dumme Ziege“, zischte ihr Olaf zu, „halt die Klappe, was verstehst du denn schon davon.“

[...]

Auf das Dach hinaufzuklettern, war für Hannes bedeutend leichter gewesen als wieder herunterzukommen, denn beim Abstieg konnte er nicht sehen, wohin er seine Füße setzte, und zurückzuschauen traute er sich immer noch nicht, weil ihm dann schwindelig wurde. Immer wieder, wenn seine Hände einen Halt gefunden hatten, musste er mit den Füßen eine Stütze ertasten, bis er darauf stehen konnte. Das war zwar mühsam, aber Hannes glitt allmählich auf dem Bauch Zentimeter um Zentimeter abwärts. An den Knien war seine Hose schon aufgerissen, und auch sein Pulli war an den Ellenbogen durchgescheuert. Seine Hände waren zerkratzt, und die Fingerkuppen bluteten. Hannes wollte, Hannes musste es schaffen, er musste den Krokodilern, die sich ihm gegenüber immer so herablassend benommen hatten, beweisen, dass er für die Bande weder zu jung noch zu schwächlich war. Wenn er unten auf dem Hof anlangte, dann war er einer der ihren, dann durfte keiner mehr sagen: Hau bloß ab, du halbe Portion.

Da plötzlich, schon im unteren Drittel des Daches, riss ein Ziegel, an dem sich Hannes mit dem Fuß abgestützt hatte, aus seiner Verankerung.

Langsam rutschte er auf dem Bauch abwärts, und ihm war erst gar nicht bewusst, was da passierte, aber als er merkte, dass er sich nirgendwo mehr festklammern konnte, schrie er so laut er nur konnte: „Hilfe! Hilfe! Ich stürze ab ...“ Im Abrutschen riss er noch ein paar Ziegel heraus, die mit lautem Knall auf den Hof fielen und dort auf dem Betonboden in tausend Stücke zerplatzten. Die Krokodiler aber konnten ihm nicht helfen. Sie sahen, vor Schreck gelähmt, nur hinauf auf das Dach. Sie mussten ein paar Schritte zurücktreten, sonst wären sie von den herabfallenden Ziegeln getroffen worden. Maria biss sich vor lauter Aufregung in die Faust. Olaf sah mit offenem Mund nach oben, auch er brachte kein Wort hervor. Erst in der Dachrinne fand Hannes mit seinen Füßen wieder einen Halt, seine Hände klammerte er um eine freiliegende Dachlatte. Endlich schrie Olaf: „Hannes! Halt dich fest, wir holen Hilfe! Halt dich fest.“

Aber als Hannes in seiner Angst und Verzweiflung zu weinen anfing und zu schreien, liefen die Krokodiler plötzlich fort. Hannes, der es nicht sehen konnte, drückte sein Gesicht in das Loch des Daches und schrie weiter aus Leibeskräften um Hilfe. Er hoffte, einer der Krokodiler würde zu ihm aufs Dach klettern, um ihm zu helfen. Seine Angst steigerte sich, weil auch die Dachrinne zu schwanken begann. Auch sie war angerostet und stellenweise aus der Halterung gerissen. Er musste fürchten, daß sie jeden Moment auseinanderbrach. Es war nur eine Frage der Zeit, wie lange die Dachrinne die Last noch trug.

Auch Maria war anfangs so verwirrt, dass sie hinter den Jungen hergelaufen war, hatte dann aber versucht, als sie schon außerhalb des Ziegeleigeländes waren, die Jungen aufzuhalten. Aber die rannten, als würden sie verfolgt. Sie rissen ihre Fahrräder aus dem Straßengraben, schwangen sich einer nach dem andern darauf und rasten davon, Richtung Papageiensiedlung. Die Krokodiler hatten plötzlich mehr Angst als Hannes auf dem Dach. Maria war hinter den Jungen hergefahren, wollte dann umkehren, besann sich aber und fuhr weiter bis zur Hauptstraße. Dort trat sie in eine Telefonzelle. Sie wählte die Nummer der Feuerwehr und rief aufgeregt in die Muschel: „Sofort kommen ... mit Leiter, auf das Ziegeleigelände an der Papageiensiedlung ... da hängt einer an der Dachrinne ... der stürzt ab ... sofort kommen!“ Dann hängte sie ein.

Als Maria wieder auf die Straße hinausgetreten war, glaubte sie Hannes schreien zu hören, aber das konnte wohl schlecht möglich sein, denn zur Ziegelei war es mehr als ein Kilometer, und der Verkehrslärm auf der Hauptstraße hätte Hannes’ Schreien übertönt. Maria wartete vor dem Telefonhäuschen, und sie wusste nicht, was sie machen sollte.

Aber da hörte sie auch schon das Martinshorn der Feuerwehr, und gleich darauf sah sie das große rote Auto um die Kurve verschwinden, von wo aus eine schmale Straße zur Ziegelei führte. Sie schwang sich auf ihr Fahrrad und fuhr den Weg zurück, den sie gekommen war. Sie kam vor der Ziegelei an, als die Feuerwehrleute schon die lange Leiter ausgefahren hatten und ein Feuerwehrmann sich anschickte, auf der Leiter hinaufzuklettern.

Maria versteckte sich hinter den Sträuchern, damit sie von niemandem gesehen werden konnte, sie hatte Angst, dass es ihr jedermann ansehen könnte, dass auch sie Hannes im Stich gelassen hatte.

Dann sah sie einen zweiten Feuerwehrmann die Leiter hochsteigen, und es schien ihr, es sei nur noch ein Kinderspiel, Hannes vom Dach zu tragen, über die Leiter auf den Hof. Hannes schrie noch, als er längst wieder auf seinen eigenen Beinen stand. Dann weinte er. Einer der Feuerwehrmänner versuchte ihn zu beruhigen, aber einen zweiten hörte Maria sagen: „Verhauen sollte man dich, übers Knie legen. So ein Leichtsinn. Du kannst froh sein, dass du noch lebst ... na, dein Vater wird es dir schon besorgen.“

Wenn wir uns den Originaltext ansehen, stellen wir fest, dass Uwes Nacherzählung wirklich viel zu wünschen übrig lässt. Nicht nur mit dem Erzählen hat Uwe Schwierigkeiten, auch mit dem Erzählen nach einer Vorlage. Denn da, wo er sich nicht mehr richtig an den Originaltext erinnern konnte, hat er seiner Phantasie freien Lauf gelassen. Und das geht natürlich nicht bei einer Nacherzählung. Eine Nacherzählung setzt der Phantasie Grenzen, du musst dich schon an das halten, was im Text steht.

Bevor wir uns nun in den nachfolgenden Abschnitten daran machen, Uwes Nacherzählung schrittweise zu verbessern, halten wir fest, was wir bisher über die Nacherzählung gelernt haben.

MERKE

Gutes Nacherzählen bedeutet,
- dass du den Inhalt richtig wiedergibst und nichts dazuerfindest.
- dass du den Inhalt möglichst spannend und anschaulich wiederzugeben versuchst.

Den Leser ins Bild setzen

Was Uwes Nacherzählung vor allem fehlt, ist der **Zusammenhang**, der rote Faden. Du hast gemerkt, dass dieser rote Faden im Original durchaus vorhanden ist. Wer eine Geschichte so kennen und verstehen will, dass er sie gut nacherzählen kann, muss diesen roten Faden vor Augen haben. Deshalb wollen wir ihn in dem Originaltext zunächst einmal aufspüren. Wichtig dabei ist, die **Ausgangssituation** zu klären.

Der Hörer/Leser sollte zu Beginn einer Nacherzählung erst einmal die notwendigen Angaben über die Ausgangssituation bekommen (**wer**, **wann**, **wo**, **was**). Uwes Nacherzählung fällt gleich mit der Tür ins Haus – hilf ihm einmal.

AUFGABE 3

Notiere alle Angaben, die Uwe zur Erklärung der Situation berücksichtigen müsste. (Wo spielt die Geschichte? Wer ist beteiligt? Um was geht es?) Kläre den Zusammenhang: Frage nach dem **Wie** und **Warum** der Ereignisse.

AUFGABE 4

Uwe hat aber auch die Reihenfolge der Ereignisse nicht mehr richtig im Gedächtnis.
Notiere zunächst von Zeile 1–58 alle Ereignisse, die dir wichtig erscheinen. Fasse dann deine Stichworte in einem Satz zusammen, oder finde eine Überschrift, die möglichst knapp über das Wichtigste informiert.

Wir haben jetzt gemeinsam einen **Erzählschritt** der Geschichte und damit den Anfang des roten Fadens erarbeitet. Wie aber geht es weiter, ohne dass wir auf falsche Fährten geraten, uns in weniger wichtige Einzelheiten verlieren?
Um dies zu vermeiden, teilen wir die Geschichte in **Erzählschritte** ein. Immer wenn ein neues Ereignis eintritt und/oder die Personen sich ändern und/oder die Zeit und/oder der Ort wechselt, brauchst du beim Gliedern der Geschichte eine neue Überschrift: Damit beginnt ein neuer Erzählschritt. Folgende Fragen helfen dir beim Gliedern einer Geschichte in Erzählschritte:

Was geschieht?
Wer ist beteiligt?
Wann spielen die Ereignisse sich ab?
Wo spielen sie sich ab?

Manchmal ist es nicht ganz einfach zu entscheiden, wo ein neuer Erzählschritt beginnen soll. Da verraten wir dir einen kleinen Trick. Warum nicht einmal statt zu erzählen die Geschichte als Comic zeichnen? Alles, was im Comic auf einem Bildchen dargestellt werden kann, gehört mit Sicherheit zu einem einzigen Erzählschritt. Wenn es dir Spaß macht, kannst du das an Uwes Geschichte gleich einmal ausprobieren.

AUFGABE 5

Schreibe zunächst aus dem Text (Zeile 1–58) der Reihe nach alles heraus, was dir wichtig erscheint.
Bestimme dann die Erzählschritte, indem du deine Stichworte durch Überschriften zusammenfasst. Bei der Bestimmung, wo eine neue Überschrift notwendig ist, helfen dir die zuvor genannten W-Fragen.

AUFGABE 6

Verbessere Uwes Nacherzählung: Erkläre in einem Satz die Ausgangssituation, führe dann alle sechs Erzählschritte (vgl. Aufgabe 4 und 5) jeweils durch zwei bis drei Sätze aus.

Nacherzählen setzt Verstehen voraus

Als Leser der Nacherzählung von Uwe haben wir eine Reihe von Fragen an ihn, die sich auf den Zusammenhang der Geschichte beziehen. Von Uwe erwarten seine Freunde und Freundinnen mit Recht, dass er die Geschichte so erzählt, dass sie gut zu verstehen ist. Wer nacherzählt, hat also eine Art **Übersetzerrolle.** Wir wollen von ihm nicht nur wissen, was in der Geschichte passiert; er muss auch erklären können, warum das so ist. Dazu muss der Erzähler die Geschichte selbst verstanden haben.

Bei der Verbesserung von Uwes Nacherzählung (vgl. Aufgabe 6) bleiben immer noch Fragen offen, die sich sein Publikum nicht erklären kann:

- Warum fahren die Krokodiler so plötzlich davon?
- Warum kehrt Maria zurück?
- Warum versteckt sie sich während der Rettungsaktion der Feuerwehr?

AUFGABE 7

Lies das Original von Uwes Nacherzählung nochmals genau durch und notiere die Stellen, die Antwort auf die offenen Fragen geben können.

Ein Schlüssel für das Verständnis von Geschichten ist die **Warum-Frage.** Mit diesem Schlüssel musst du dich erst einmal auf die Suche begeben und alle Türen zum Verständnis der Geschichte aufschließen. Erst dann kannst du die Geschichte so erzählen, dass andere dir folgen können.

AUFGABE 8

Verbessere nun Uwes Nacherzählung nochmals: Ergänze zu der Lösung, die wir dir zu Aufgabe 6 gegeben haben, die fehlenden Begründungen.

Am Leitseil der Leserfragen

Kein Wunder, dass Uwes Nacherzählung keinen großen Beifall gefunden hat. Wir haben einiges an Arbeit aufwenden müssen, um sie zu verbessern. Aber ist das wirklich schon eine gute Erzählung, was dabei herausgekommen ist?
Schon früher hast du festgestellt, dass es Uwes Erzählung an ‚Fleisch', an Anschaulichkeit und Spannung fehlt. Freilich will Uwe seine Geschichte nicht so ausführlich erzählen wie das Original. Dann könnte er sie ja gleich vorlesen. Wer nacherzählt, hat meist die Absicht, die Erzählung abzukürzen. An welchen Stellen soll Uwe nun aber kürzen, und wo sollte er ausführlicher erzählen, damit von der Spannung des Originals möglichst wenig verlorengeht? Was hat denn deinen Leseappetit angeregt, an welchen Stellen findest du die Erzählung besonders fesselnd? Wenn du dir das klarmachst, weißt du auch, wo Uwes Nacherzählung mehr ‚Fleisch' bekommen muss.

AUFGABE 9

Lies nochmals den Text auf S. 60–63. Welche Frage interessiert dich als Leser am Anfang der Geschichte? Wo spitzt sich die Neugierde des Lesers zu? Wo löst sich die Frage des Lesers?

Was zum Zuhören oder Lesen verlocken soll, ist nichts anderes als eine Frage, die der Erzähler/die Erzählerin beim Publikum entstehen lässt. Wieder geht es also um eine Frage, um eine Frage ganz anderer Art jedoch als die, die der Nacherzähler klären muss, um zusammenhängend und verständlich zu erzählen. Diese Frage – es können auch mehrere Fragen sein – soll möglichst nicht gleich beantwortet werden. Im Gegenteil; da sie das Leseinteresse aufrecht erhält, soll ihre Beantwortung möglichst hinausgezögert werden. Gute Erzähler lassen ihr Publikum lange an dieser wie eine Angel ausgeworfenen Frage zappeln. Gerade wenn die Erzählung an den Punkt gelangt, wo sich die neugierige Frage des Publikums besonders zuspitzt, erzählen sie ausführlich, um Leser oder Zuhörer in den Bann zu ziehen.

Nach diesen Vorarbeiten ist es möglich, einen Plan für die Nacherzählung aufzustellen. Das ist besonders bei der schriftlichen Nacherzählung notwendig. Diesen Plan kannst du auch als Erzählfischchen zeichnen. Die Erzählschritte bilden die Gräte. An den Stellen, wo sich die Leserfrage zuspitzt, hat das Erzählfischchen seine größte Ausdehnung. Wir geben dir hier ein Muster.

Leserfrage: Besteht Hannes die Mutprobe?

Wird Hannes gerettet?

Antwort:

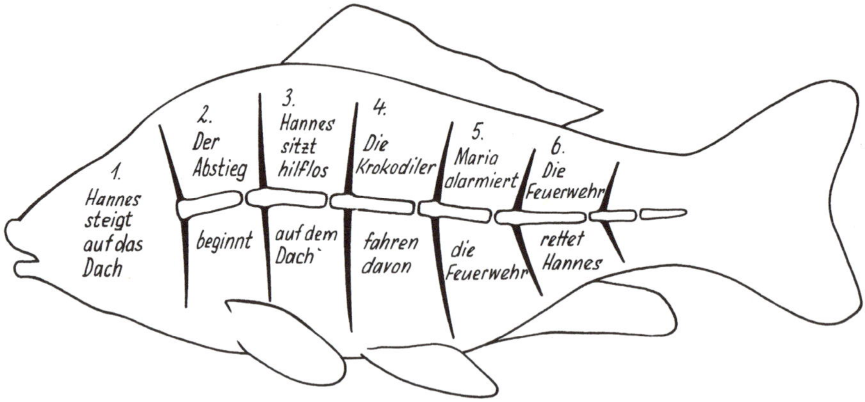

AUFGABE 10

Verbessere die Nacherzählung von Uwes Geschichte nochmals, indem du die in der Lösung zu Aufgabe 5 und 7 vorgeschlagene Erzählung da ausführlicher gestaltest, wo die Leserfrage sich zuspitzt. (Ergänze etwa vier Sätze.)

MERKE

Du musst die Geschichte, die du nacherzählen willst, gut kennen und verstehen.

Entschlüssele deshalb die Geschichte zunächst durch Vorarbeiten: Bestimme die Ausgangssituation und die Erzählschritte. Stelle die neugierige(n) Leserfrage(n) und die Warum-Fragen nach dem Zusammenhang. Damit erhältst du einen Bauplan für deine Nacherzählung.

Deine Fähigkeit als Erzähler bzw. Erzählerin ist gefragt.

8 Nacherzählen aus veränderter Sicht

Unterschiedliche Wahrnehmungen berücksichtigen

Mit welchem der Kinder aus dem Jugendbuch möchtest du befreundet sein? Vielleicht findest du Maria sympathisch, weil sie die Rettung von Hannes veranlasst? Oder Hannes selbst?
Schlüpf doch einmal in die Rolle von Maria oder Hannes und versuche, die Geschichte aus ihrer Sicht nachzuerzählen. Was würde sich verändern, wenn Maria oder Hannes die Geschichte in der Ich-Form erzählen würde? Beide sind zwar an dem Abenteuer beteiligt, aber ihre Wahrnehmungen, d. h. was sie sehen oder hören, sind dennoch sehr unterschiedlich. Wer die Ereignisse vom Dach aus erlebt wie Hannes, sieht und hört nicht alles, was die Krokodiler auf dem Ziegeleigelände wahrnehmen. Aus diesem Blickwinkel sind für Hannes zum Beispiel die Gesichter der einzelnen Kinder nicht mehr ganz genau zu erkennen. Er kann nicht mehr am Gesichtsausdruck feststellen, was sie fühlen oder denken, ob Olaf zornig oder Maria traurig ist. Vermutlich kann er auch nicht mehr hören, was gesprochen wird.
Umgekehrt können diese aber auch nicht alles mitbekommen, was Hannes auf dem Dach erlebt.

AUFGABE

1 Notiere, was Olaf/Maria aus ihrem Blickwinkel wahrnehmen, d. h. sehen und hören können.

Wer kann schon alles wissen – Erzählschritte neu bedenken

Versetze dich in die Rolle von Olaf. Auf dem Nachhauseweg wird er von einem Freund gefragt, wo denn der Hannes sei. Eine peinliche Frage! „Kann ich das wissen?“, antwortet er ärgerlich. Recht hat er! Wenn er die Geschichte aus seiner Sicht erzählen würde, könnte er auch nicht sagen, was mit Hannes auf dem Dach passiert ist, da er es ja gar nicht miterlebt hat. Vermutlich erfährt er aber von der Rettung zu einem späteren Zeitpunkt. Damit ändert sich die Reihenfolge der Erzählschritte folgendermaßen, wenn die Geschichte aus Olafs Sicht erzählt wird:

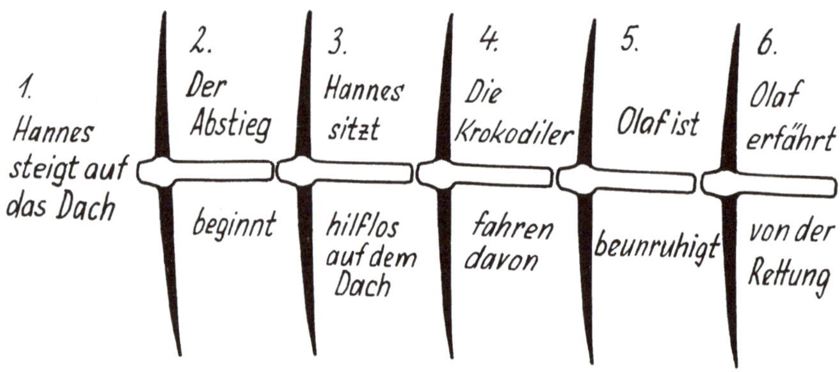

Aus der Sicht von Hannes würde die Reihenfolge der Erzählschritte wieder anders aussehen; denn auch er erlebt auf dem Dach nicht alles mit.

AUFGABE

2 Welche Erzählschritte ergeben sich, wenn aus der Sicht von Hannes erzählt wird?

Gedanken und Gefühle zum Ausdruck bringen

Überleg dir: Wie fühlt sich Olaf wohl, nachdem er mit den anderen Mitgliedern der Krokodilerbande davongefahren ist und Hannes im Stich gelassen hat? Sicher ist Olaf recht unbehaglich zumute.
Richtig spannend und anschaulich wird die Nacherzählung mit veränderter Perspektive erst dann, wenn du deine Hörer/Leser auch an den Gedanken und Gefühlen der Person teilhaben lässt, wenn du zum Ausdruck bringst, was sich im Kopf der beteiligten Personen abspielt.
Olaf z.B. macht sich sicher Gewissensbisse: Was ist mit Hannes auf dem Dach geschehen? Diese Frage quält ihn, und diese Frage sollte auch die Hörer/Leser von Olafs Erzählung in Atem halten.

Die Gedanken und Gefühle von Olaf können wir uns etwa so vorstellen:

> Ich fühle mich gar nicht gut. Hätten wir die Mutprobe zulassen dürfen? Der Hannes ist doch noch so klein. Ob seine Eltern davon erfahren? Was ist wohl inzwischen geschehen? Wie kann ich etwas herausbekommen?

AUFGABE 3

Stell dir die Gedanken und Gefühle vor, die Hannes äußern könnte, wenn er die Geschichte aus seiner Sicht erzählt, und notiere sie.

Wenn du beim Nacherzählen in die Rolle einer beteiligten Person schlüpfst, kennst du also nicht nur die äußeren Ereignisse. Du weißt auch, was in dieser Person vor sich geht. Außerdem kannst du auch mit den Augen dieser Person sehen und mit ihren Ohren hören. Achte also beim Erzählen darauf, dass du die Sinneseindrücke, die du in deiner Rolle wahrnehmen kannst, zum Ausdruck bringst.

AUFGABE 4

Hannes hört und sieht auf dem Dach manches, was die Krokodiler nicht wahrnehmen. Er sieht zum Beispiel, dass die Ziegel locker sind, hört …
Ergänze eine Reihe von Sinneseindrücken, die nur Hannes haben kann.

AUFGABE 5

Ergänze im Schlussteil eines Schüleraufsatzes, der die Geschichte aus der Sicht von Hannes erzählt, seine Gedanken und Gefühle. (Ergänze wörtliche Rede und Wendungen, die seine Gefühle zum Ausdruck bringen.)

1. Schweißgebadet klammerte ich mich an der Dachlatte fest. 2. __________ sah ich, dass die Krokodiler alle verschwunden waren. 3. „__________“, dachte ich. 4. Da hörte ich __________ das Martinshorn. 5. „__________“, überlegte ich. 6. __________ hörte ich, wie der Wagen in das Gelände der alten Ziegelei einbog. 7. „__________“, überlegte ich. 8. __________ klammerte ich mich jetzt noch fester an die Dachlatte. 9. Viele Gedanken schossen mir durch den Kopf: „__________.“ 10. Als der Mann die Leiter hochkam und mich mit festem Griff packte, fühlte ich __________.

AUFGABE 6

Erzähle die Geschichte aus der Sicht von Maria. Achte darauf, dass du erzählst, was sie sehen und hören kann; bringe beim Erzählen ihre Gedanken und Gefühle zum Ausdruck.

MERKE

- Beim Nacherzählen eines Textes kannst du auch in die Rolle einer beteiligten Person schlüpfen und aus deren Sicht erzählen.
- Dabei verändert sich gegenüber dem Original oft die Zahl und Reihenfolge der Erzählschritte.
- Spannend und anschaulich wird deine Nacherzählung aus der Sicht einer beteiligten Person dann, wenn du Wahrnehmungen, Gedanken und Gefühle zum Ausdruck bringst. Was kann der Betreffende sehen, hören, was fühlt er?

Wir trainieren die Nacherzählung (I)

9

Du hast sicher schon einmal einen Schwank kennengelernt. Die Geschichten von Eulenspiegel gehören zum Beispiel zu den Schwänken. Es sind lustige Geschichten; meist enden sie damit, dass einem, der es aufgrund seiner Bosheit oder Dummheit verdient hat, ein Streich gespielt wird. Oft spielen diese Geschichten in älterer Zeit. Ein Handwerksmeister, der Schuhmacher Hans Sachs, hat im 16. Jahrhundert solche Schwänke verfasst. Er hat sie allerdings nicht erzählt, sondern in Dialogform für Schauspieler geschrieben.

Leider können wir – aus Platzgründen – dir nicht die dramatisierte Form des Schwankes „Der fahrende Schüler im Paradies" vorlegen. Aber wir haben eine Fassung des Stoffes in Prosa gefunden, die dir hoffentlich auch viel Spaß machen wird.

Von einem armen Studenten, der aus dem Paradies kam, und einer reichen Bäuerin

Ein armer Student ging einmal durch ein Dorf, der wenig Zehrgeld im Säckel bei sich trug, die Füße aber lieber unter dem Tisch hatte, als dass er in einem Buch studieren wollte, wie man deren viele findet. Wie er nun ins Dorf hineinkommt, geht er zu eines reichen Bauern Haus, der nicht daheim war, sondern ins Holz gefahren. Die Frau aber, die vordem schon einen Mann gehabt, der Hans hieß und ihr vor wenigen Jahren erst gestorben war, stand im Hof vor dem Haus. Wie sie nun den Studenten sah, sprach sie ihn an, fragte ihn, wer er sei und woher er komme. Antwortete der Student: „Ich bin ein armer Student und komme von Paris." Die gute, einfältige Frau verstand nicht recht, meinte, er habe gesagt, er käme aus dem Paradies. Deshalb fragte sie ihn noch einmal: „Kommt Ihr aus dem Paradies?" – „Ja, liebe Frau", sprach der Student, der gleich merkte, wen er vor sich hatte. Da sprach die Bäuerin: „Lieber guter Freund, kommt mit mir in die Stube! Dort will ich Euch noch weiteres fragen." Als er nun in die Stube kam, hieß ihn die Frau sich niedersetzen, fing an und sagte: „Mein guter Freund, ich habe zuvor einen

Mann gehabt, hieß Hans und ist vor drei Jahren gestorben. Ach, du mein lieber Hans, Gott tröste deine liebe Seele! Ich weiß, dass er im Paradies ist, denn er ist ein frommer Mensch gewesen. Lieber Freund, habt Ihr ihn nicht im Paradies gesehen? Oder kennt Ihr ihn nicht?" Der Student sagte: „Wie heißt er mit dem Zunamen?" – „Man hat ihn nur Hans Gutschaf genannt; er schielte ein wenig." Der Student besann sich und sprach: „Potz ja, jetzt kenn ich ihn wohl." Die Frau sprach: „Ei, lieber Freund, wie geht's ihm, meinem guten Hans?" Der Student: „Schlecht genug. Der arme Tropf hat weder Geld noch Kleider. Wenn gute Gesellen bisher nicht das Gröbste getan hätten, er wäre wohl Hungers gestorben; wenn einmal gute Gesellen miteinander zechen, holt er ihnen Wein und Brot und schenkt ein." Als die Frau das hörte, begann sie zu weinen und sprach: „Ach, du mein Hans, nun hast du bei mir nie einen Mangel gehabt und musst jetzt in jener Welt Mangel leiden! Hätte ich das gewusst, ich würde dich wohl versorgt haben mit Kleidern und Geld, damit du auch wie andere etwas verzehren könntest; denn du hast ja durch Gottes Gnade noch gute Kleider. Hätte ich nur einen Boten, ich wollte sie dir schicken und einen guten Zehrpfennig dazu." Als der Student das hörte, sprach er zu der Frau: „Liebe Frau, seid guter Dinge! Wenn es nur an dem Boten mangelt, so will ich's Euch zu Gefallen tun und ihm's bringen. Denn ich muss nächstens wieder ins Paradies; ich hab etlichen mehr Geld zu bringen." Als die Bäuerin das hörte, war sie froh, brachte dem Studenten zu essen und zu trinken und hieß ihn wacker zechen. „Derweil", sprach sie, „will ich die Sachen zusammensuchen."

Also ging sie hinauf in die Kammer an den Kasten, wo des Hansen Kleider lagen, nahm etliche Hemden, zwei Paar Hosen und den gefütterten Rock samt einigen Schnupftüchlein, packte es hübsch zusammen, dass es fein bequem zu tragen war. Danach nahm sie einige alte ungarische Gulden[1] und gute alte gestampfte Plappart[2], band sie in ein weißes Tüchlein, gab's dem Studenten samt dem Bündel und schenkte auch ihm etwas, damit er's um so besser ausrichte. Als er nun gegessen und getrunken hatte, nahm er das Bündel mit den Kleidern auf den Hals, dankte der Frau und zog davon.

Als es Mittag war, kam der Bauer aus dem Holz heim; die Frau lief ihm entgegen und sprach: „Lieber Hauswirt, soll ich dir ein Wunder erzählen? Es ist ein Mann bei mir gewesen, der kam aus dem Paradies und kennt meinen Hans selig gut; er hat mir gesagt, wie er so arm sei und großen Mangel leide. Da bin ich gegangen und hab ihm seine Kleider geschickt samt etlichen ungarischen Gulden und gestampften Plappart, von denen du nichts gewusst hast.“ Der Bauer erschrak und sprach: „Ei, du hast ihm den Teufel auf den Kopf gegeben“, stieg schnell auf seinen besten Hengst und eilte dem Studenten nach.

Der Student aber sah stets hinter sich, denn er ahnte wohl, wie es gehen werde. Als er nun den Bauern kommen sah, warf er geschwind das Bündel in einen Hag und fand zufällig da ein Paar Haghandschuhe[3] und eine Schaufel. Die nahm er zur Hand. Wie nun der Bauer zu ihm kam, fragte er, ob er nicht einen mit einem Bündel gesehen habe. – „Ja, wie er Euch gesehen hat, ist er über den Hag gesprungen und dem Holz zugelaufen.“ Der Bauer sprach: „Lieber, halte mein Ross; ich will ihm nacheilen.“ Springt also über den Hag und läuft dem Holz zu. Der Student nimmt das Bündel, sitzt auf das Ross und reitet davon.

Wie nun der Bauer niemanden fand, kehrte er zurück; da fand er weder das Ross noch den, der’s ihm gehalten. Da merkte er wohl, wie es zugegangen. Als er nun heimkam, fragte ihn die Frau, ob er ihn gefunden habe. „Ja“, sagte er, „ich hab ihm das Ross dazugegeben, damit er schnell hinkommt.“

[1] ungarischer Gulden: Goldmünze aus Ungarn
[2] kleine Silbermünze
[3] Hag: Gebüsch am Wegrand; Haghandschuhe schützen die Hände vor Dornen, wenn man solches Gebüsch schneidet

In diesem und dem folgenden Kapitel zeigen wir dir noch einmal ausführlich und in kleinen Schritten, wie du bei der Nacherzählung am besten vorgehst.

In diesem Kapitel erarbeitest du dir zuerst das Inhaltsgerüst deiner Nacherzählung, den Bauplan. Im nächsten Kapitel übst du, wie sich eine Nacherzählung gestalten lässt.

Zum Bauplan einer Nacherzählung gelangst du mit folgenden Arbeitsschritten:

- Klären der Ausgangssituation
- Erarbeiten der Erzählschritte
- Zusammenhänge der Ereignisse klären
- Leserfragen klären.

Die Ausgangssituation klären

AUFGABE 1

Charakterisiere auf einem Stichwortzettel in wenigen Sätzen die Ausgangssituation des Schwankes. Bestimme die Situation mit Hilfe von W-Fragen (Was? Wer? Wann? Wo?)

Um den Schwank wirklich zu begreifen, das gilt übrigens auch für alle anderen Texte, muss der Leser/Hörer die Eigenschaften der beteiligten Personen durchschauen. Wenn der Autor der Vorlage keine Angaben zur Person macht, kannst du die Eigenschaften der Personen an ihrem Verhalten erkennen und daran, was sie sprechen. Im wirklichen Leben machst du es genauso; auch da wirst du vom Verhalten der Personen (was sagen sie, was tun sie), auf ihren Charakter, ihr Wesen schließen.

AUFGABE 2

Achte genau auf die Verhaltensweisen und die Äußerungen der Bäuerin. Wo zeigt sich ihre Dummheit?

AUFGABE 3

Überlege dir das Verhalten des Studenten und des Bauern. Finde für jeden eine charakteristische Eigenschaft.

AUFGABE 4

Wenn du Bauer und Bäuerin miteinander vergleichst, was fällt dir auf?

Die Erzählschritte bestimmen

Du erinnerst dich, die Erzählschritte bilden den roten Faden deiner Nacherzählung. Darum ist es so wichtig, die einzelnen Erzählschritte des Textes zu kennen und in der richtigen Reihenfolge wiederzugeben.

AUFGABE 5

Bestimme die Erzählschritte des Schwanks zunächst aufgrund des Wechsels von Ort, Zeit und Personen.

Das einfachste Merkmal für das Einsetzen eines neuen Erzählschrittes ist der Wechsel von Ort, Zeit und Personen. Anhand dieser Merkmale lässt sich der Schwank ganz leicht in Erzählschritte gliedern.

AUFGABE 6

Prüfe, ob die Erzählschritte, die du nach dem Gesichtspunkt des Wechsels von Ort, Zeit und Personen festgelegt hast, ausreichen. Achte dabei vor allem darauf, wo neue Ereignisse eintreten.
Grundsätzlich solltest du aufpassen, dass du nicht zu viele Erzählschritte ansetzt. Beschränke dich auf das Wesentliche!

AUFGABE 7

Zeichne die Erzählschritte für eine Erzählung aus der Sicht des Bauern auf.

Den Zusammenhang der Ereignisse herausarbeiten

Mit dem Klären der Ausgangssituation, dem Charakterisieren der handelnden Personen und dem Bestimmen der Erzählschritte ist deine Vorarbeit für die Nacherzählung noch nicht beendet. Denn ob du eine Geschichte wirklich ganz und gar verstanden hast, wird erst deutlich, wenn du die Abfolge der Ereignisse begründen kannst, wenn du sieht, wie eines ins andere greift, wenn du deutlich machen kannst, wie ein Ereignis vom anderen abhängt.
Ein wichtiges, wenn nicht dein wichtigstes Hilfsmittel überhaupt dabei, ist die Warum-Frage. Frage dich immer wieder: Warum geschieht das? Warum tut die Person das?

Karin hat eine Nacherzählung der Geschichte vom fahrenden Schüler im Paradies verfasst. Sie liest ihre Nacherzählung Uwe vor:

Da gab es einen fahrenden Schüler. Der fahrende Schüler sagte zu einer Bäuerin, dass es ihrem ersten Mann im Paradies sehr schlecht gehe. Da gab die Bäuerin dem fahrenden Schüler Geld und Kleider mit auf die Reise. Als der Mann der Bäuerin nach Hause kam, erzählte sie ihm, was sie getan hatte. Der Bauer ritt dem fahrenden Schüler nach. Als der fahrende Schüler den Bauern sah, versteckte er das Bündel mit Geld und Kleidern. Der Bauer fragte den fahrenden Schüler: „Hast du einen Mann mit einem Bündel gesehen?“ „Ja, antwortete der fahrende Schüler, „er ist gerade in den Wald gelaufen.“ Da ließ der Bauer sein Pferd bei dem Fremden zurück und rannte in den Wald. Als der Bauer weg war, schwang sich der Student auf das Pferd und ritt davon. Der Bauer ärgerte sich und musste zu Fuß nach Hause gehen. Als die Bäuerin ihn endlich im Hof erblickte, fragte sie: „Wo ist dein Pferd?“ „Das habe ich dem Mann gelassen, damit er schneller ins Paradies kommt“, antwortete der Bauer.

„Du hast dir die Geschichte gut gemerkt“, lobt Uwe. „Aber hast du sie auch verstanden?“ Und dann beginnt er, sie nach dem Zusammenhang der Geschichte zu fragen.

AUFGABE 8

Versetz dich in Uwes Rolle. An welchen Stellen von Karins Erzählung würdest du nachfragen? Notiere deine Warum-Fragen.

AUFGABE 9

Die Antworten auf Uwes Fragen kannst du aus dem Schwank herauslesen. Beantworte Uwes Fragen aufgrund des Originals.

Leserfrage(n) beachten

Auch bei dem Schwank von Hans Sachs wird die Neugierde des Lesers gereizt, indem der Text Anlass zu Fragen gibt.

AUFGABE 10

Welche Frage stellt sich der Leser aufgrund des Missverständnisses am Anfang des Schwanks?
Wo löst sich diese Frage?

Wenn der Student das Haus mit Geschenken für den ersten Mann der Bäuerin verlässt, ist den Lesern klar geworden, dass der schlaue Student die Dummheit der Bäuerin ausnützt. Damit, so scheint es, könnte der Schwank enden. Aber nein, da kommt ja eine neue Person ins Spiel, und erneut stellen sich Fragen.

AUFGABE 11

Welche Frage stellt sich dir beim Auftreten des Bauern?
Welche weiteren Fragen stellen sich im Verlauf des Schwankes?

Der Schwank wirkt besonders komisch, weil Bauer und Bäuerin sich in ihrer Leichtgläubigkeit und Dummheit geradezu überbieten. Dreimal wird also in diesem Schwank die Neugierde des Publikums angereizt.

AUFGABE 12

Zeichne als Plan für die Nacherzählung des Schwankes das Erzählfischchen. (Dazu gehören Erzählschritte und Leserfragen; vgl. dazu S. 76 ff.).

10 Wir trainieren die Nacherzählung (II)

Beim Erzählen ist das **Wie** mindestens ebenso wichtig wie das, was erzählt wird. Manche Kinder behaupten von sich, dass sie einfach keinen Aufsatz schreiben können. Aber niemand wird als guter Aufsatzschreiber geboren. Erzählen kannst du lernen.
Beim mündlichen Erzählen hast du eine große Hilfe: Du siehst dein Publikum vor dir, merkst, wie es reagiert. Wenn du nicht verstanden wirst, können die anderen nachfragen. Stell dir also auch beim Schreiben vor, dass du die Geschichte anderen mündlich erzählst; versuche vorherzusehen, wo deine Hörer Verständnisprobleme bekommen könnten.

Den Zusammenhang von Ereignissen sprachlich darstellen

AUFGABE 1

Vergleiche die beiden Anfänge einer Nacherzählung des Schwankes. Welche Nacherzählung ist leichter verständlich? Woran liegt das?
(Lies unter Umständen die Sätze laut, um ihre Wirkung festzustellen.)

Beispiel 1

Ein armer fahrender Student ist in ein Dorf gekommen. Er hat eine reiche Bäuerin getroffen. Der Student hat gesagt: „Ich komme aus Paris." „Ach, kommt ihr aus dem Paradies?", hat die Bäuerin geantwortet. „Habt ihr vielleicht meinen ersten Mann gesehen? Er war so ein guter Mann!"

Beispiel 2

Eines Tages kam ein fahrender Student in ein Dorf. Dort sah er, wie eine reiche Bauersfrau vor der Tür ihres Hauses stand. Er begann ein Gespräch mit ihr, und die Bäuerin wollte wissen, woher er komme.

„Aus Paris komme ich", antwortete der Student. Da die Bäuerin ziemlich einfältig war, verstand sie, dass er aus dem Paradies komme. Um mehr zu erfahren, bat sie den Studenten in die Stube. Denn sie glaubte, dass der Student ihren ersten Mann, dem sie nach seinem Tode sehr nachtrauerte, im Paradies getroffen habe.

Je besser du zu erkennen gibst, wie die Ereignisse zusammenhängen, desto leichter wird das Zuhören oder Lesen. Wie wichtig die Beantwortung der Warum-Frage ist, haben wir schon an verschiedenen Beispielen gezeigt. Zusammenhänge kannst du durch begründende Konjunktionen (weil, da) schaffen. Aber auch der Hinweis auf Gegensätze (aber, doch, sondern), auf Zwecke (damit) und Folgen (so dass) hilft dem Leser beim Verständnis des Zusammenhangs. Außerdem gibt es eine Reihe von Adverbien (z.B. dort, hier; dann, darauf), die als Orientierungshilfen für deine Leser dienen.

Schwer lesbar ist auch eine Erzählung im Perfekt. Wir verwenden deshalb bei der **schriftlichen** Nacherzählung das Präterium (≈ Imperfekt ≈ 1. Vergangenheit).

AUFGABE 2

Verbessere jetzt die Fortsetzung der Nacherzählung. Versuche, möglichst viele Konjunktionen und Adverbien zu benutzen. Verwende das Imperfekt.

Der Student hat gefragt: „Was hat Euer Mann für eine Kleidung gehabt?" Die Frau hat geantwortet, dass er mit einem blauen Hut und einem Leintuch ins Grab gelegt worden ist. Da hat der Student erzählt, dass er das im Paradies noch immer getragen hat. Er sei sehr arm, es fehle ihm dort an allem. Die Frau hat dem Studenten Geld und Kleider gegeben und ihn gebeten, dass er die Geschenke ihrem ersten Mann bringe. Sie hat sogar gefragt: „Wann kommt Ihr wieder aus dem Paradies zurück?" Der Student hat gesagt, dass das nicht so bald geschieht und ist rasch davongegangen.

Es klingt schwerfällig, wenn wir hören (oder lesen): „Der Student hat gesagt ... Da hat der Student geantwortet ..." Das ist nicht nur unschön, es stört geradezu auch den Zusammenhang der Erzählung, wenn die Personen immer wieder benannt werden, als würden wir sie noch nicht kennen. Um das zu vermeiden, gibt es die Personalpronomen (persönlichen Fürwörter, z.B. er/sie).

AUFGABE 3

Verbessere die Nacherzählung auf S. 78, indem du die Häufung von Substantiven (Hauptwörtern) durch Pronomen ersetzt.
Ergänze außerdem die fehlenden Begründungen.
Beginne bei jedem neuen Erzählschritt einen neuen Absatz.

Deine eigene Sprache ist gefragt

Wer nacherzählt, ‚übersetzt' die Geschichte in die eigene Sprache. Deine Nacherzählung sollte für andere Kinder leichter verständlich sein als das Original.
Der Schwank vom fahrenden Schüler aus dem Paradies stammt aus älterer Zeit; das merkst du deutlich an der oft ungewohnten Sprache und den vielen heute nicht mehr gebräuchlichen Wendungen. Bei einer Nacherzählung kommt es nun darauf an, diese altertümliche Sprache in zeitgemäßes Deutsch zu übertragen.

> Ein armer Student ging einmal durch ein Dorf, der wenig Zehrgeld im Säckel bei sich trug, die Füße aber lieber unter dem Tisch hatte, als dass er in einem Buch studieren wollte, wie man deren viele findet. Wie er nun ins Dorf hineinkommt, geht er zu eines reichen Bauern Haus, der nicht daheim war, sondern ins Holz gefahren. Die Frau aber, die vordem schon einen Mann gehabt, der Hans hieß und ihr vor wenigen Jahren erst gestorben war, stand im Hof vor dem Haus. Wie sie nun den Studenten sah, sprach sie ihn an, fragte ihn, wer er sei und woher er komme. Antwortete der Student: „Ich bin ein armer Student und komme von Paris."

AUFGABE 4

Schreibe alle Stellen heraus, an denen die Sprache moderner, verständlicher gestaltet werden sollte.

AUFGABE 5

Überlege, was die heute nicht mehr gebräuchlichen Wörter bedeuten. Versuche die Bedeutung aufgrund des Zusammenhangs zu erschließen.

AUFGABE 6

Übertrage den Abschnitt in moderne Sprache. Den ersten Satz geben wir dir vor:

> „Ein armer Student, der wenig Geld in der Tasche hatte und lieber faulenzen als studieren wollte, wie es viele gibt, ging einmal durch ein Dorf ..."

AUFGABE 7

Lies die Fortsetzung des Schwankes von Hans Sachs (vgl. S. 73ff.) und schreibe alle Wendungen heraus, die du selbst nicht gebraucht hättest.

Raffen und Dehnen an den richtigen Stellen

Ein Zweck der Nacherzählung kann das Kürzen einer Geschichte sein. Die Höhepunkte der Geschichte, wo sich die Neugierde des Publikums zuspitzt, müssen zwar erhalten bleiben. Die anderen Teile sollen aber knapp und zügig erzählt werden. Was macht die Erzählung breit und ausführlich? Unter anderem die wörtliche Rede, weil sie uns zwingt, die Ereignisse so genau mitzuverfolgen, als wären wir ein Zaungast, der nicht nur jede Einzelheiten sehen, sondern auch hören kann. Die wörtliche Rede ist ein gutes Mittel anschaulichen Erzählens. An Stellen aber, wo es rasch vorangehen soll, ist sie nicht angebracht. Da ersetzen wir sie durch die indirekte Rede. Wir geben dir ein Beispiel für die Umsetzung von direkter in indirekte Rede. Direkte Rede: „Die Bäuerin sagte zu dem Studenten: ‚Kommt doch herein in die Stube.' Indirekte Rede: „Die Bäuerin sagte zu dem Studenten, dass er doch in die Stube kommen solle."

AUFGABE 8

Arbeite nun auch den 2. Teil des Schwankes (Z. 10–53) in deine eigene Sprache um. Versuche dich noch stärker als in Aufgabe 4 von deiner Vorlage zu lösen. Schränke den Gebrauch der wörtlichen Rede möglichst ein und ersetze sie durch indirekte Rede.
Deine Umarbeitung könnte zum Beispiel so beginnen:

„Da die Bäuerin ziemlich einfältig war, verstand sie, der Student komme aus dem Paradies. Als sie deshalb nachfragte, ob das auch wirklich stimme, dass er im Paradies gewesen sei, stimmte ihr der Student, der ihre Dummheit durchschaute, zu."

An Stellen der Erzählung, wo du deine Leser besonders in Atem halten willst, musst du ausführlich erzählen, also die Geschichte „dehnen". Das erreichst du vor allem durch anschauliches Erzählen. Weshalb wirken Filme oft spannender als Bücher? Im Krimi sehen wir nicht nur, wie der Verbrecher flieht, wir hören den Atem beim Laufen, den Motorenlärm des davonrasenden Autos. An allem, was du hören, sehen, fühlen, riechen oder schmecken kannst, wirst du als guter Erzähler oder gute Erzählerin dein Publikum teilhaben lassen.

AUFGABE 9

Auf Seite 79 hast du das Erzählfischchen für die Nacherzählung des Schwankes gezeichnet. Nimm die Lösung dieser Aufgabe zur Hand und notiere für die Stellen, an denen die Beantwortung der Leserfrage kurz bevorsteht (Erzählschritt 2, 6, 7) die Sinneseindrücke, die du beobachten kannst. Stell dir vor, dass du dich mit Kamera und Tonband versteckt hast und möglichst viele Eindrücke ‚einfangen' willst.

Im Film gibt es noch zwei andere Möglichkeiten, das Publikum zu fesseln und bestimmte Ereignisse hervorzuheben: die Großaufnahme und die Zeitlupe. Bei der Großaufnahme wird zum Beispiel ein Gesicht in allen Einzelheiten gezeigt; die Zeitlupe zeigt bei einem Bewegungsablauf alles viel genauer, indem die Bewegung langsamer abläuft als in Wirklichkeit. Diese Möglichkeiten kannst du auch beim Erzählen einsetzen, um die Geschichte zu „dehnen". Die Dummheit der Bäuerin kannst du zum Beispiel veranschaulichen, wenn du ihr Gesicht in dem Augenblick in ‚Großaufnahme' zeigst, als sie meint, der Student sei aus dem Paradies gekommen: andächtig staunt sie an dem Studenten empor, ein Strahlen geht über ihr Gesicht …

AUFGABE 10

Stell dir das Gesicht des Bauern in ‚Großaufnahme' vor, als seine Frau ihm erzählt, was sie dem Studenten als Geschenk für ihren ersten Mann mitgegeben hat. Er wird bleich vor Schrecken, holt tief Atem … Setze die Reihe der Beobachtungen fort.

Die Neugierde der Leser/innen kannst du durch eine Dehnung von Bewegungsvorgängen, also durch die Zeitlupe, anheizen. Die vergebliche Suche des Bauern nach dem Flüchtigen kannst du in zwei Sätzen erzählen.

Fesselnd wird deine Erzählung, wenn du dazu noch mit der ‚Erzählkamera' Einzelheiten einfängst, zum Beispiel:

> „Der Bauer rannte, so schnell er konnte, querfeldein. Nach einiger Zeit blieb er stehen …"

AUFGABE 11

Gestalte die Erzählung an dieser Stelle aus. Führe auf, was der Bauer im Einzelnen tut.

AUFGABE 12

Lies jetzt den Schluss des Schwanks (Z. 54–78). ‚Dehne' die Erzählung da, wo sich die Neugierde der Leser zuspitzen soll. Verwende alle zur Verfügung stehenden Möglichkeiten: Sinneseindrücke, ‚Großaufnahme' und ‚Zeitlupe'.

AUFGABE 13

Schreibe eine Nacherzählung des Schwankes. Die bisher erarbeiteten Teile kannst du verwenden.

Nochmals Nacherzählung aus veränderter Sicht

Die Möglichkeit, beim Erzählen ein wenig Theater zu spielen, hast du schon kennengelernt. Du schlüpfst ganz einfach in die Rolle der Bäuerin, des Bauern oder des Studenten und erzählst die Geschichte in der Ich-Form. Dass sich dabei die Reihenfolge der Erzählschritte und damit die Proportionen des ‚Erzählfischchens' ändern können, weißt du schon.

AUFGABE 14 Zeichne das Erzählfischchen (Erzählschritte und Leserfrage) für die Erzählung in der Rolle des Studenten.

AUFGABE 15 Zeichne das Erzählfischchen für die Erzählung in der Rolle des Bauern.

Bei der Veränderung der Perspektive ändert sich aber nicht nur das, was du erzählst. Der Bauer, der Student oder die Bäuerin unterscheiden sich beim Erzählen auch dadurch, wie sie erzählen. Ihre Rolle kommt vor allem in Gedanken und Gefühlen zum Ausdruck, die sie zu den Ereignissen äußern. Die Bäuerin stellt zum Beispiel schon Überlegungen an, bevor sie dem Studenten die Gaben für ihren verstorbenen Mann aushändigt. Wie können wir nun diese Gedanken sprachlich geschickt zum Ausdruck bringen?

Die Bäuerin erzählt zum Beispiel, als sie das Wort Paris missverstanden hat:

> „Ich dachte mir: ‚Da muss der Student ja meinen lieben Mann kennen …‘ “

Wenn du nun weitere Gedanken der Bäuerin zum Ausdruck bringen willst, müsstest du eigentlich jeden Satz mit „ich dachte“ oder „ich überlegte“ einleiten. Das wirkt auf die Dauer aber sprachlich schwerfällig und ungeschickt. Zum Glück gibt es einen Trick, der dir in diesen Fällen weiterhilft.

Du gibst einfach deine Überlegungen als Bäuerin, Bauer oder Student direkt ohne solche Einführungen wieder. Das sieht dann zum Beispiel so aus:

> „Aus dem Paradies kam der Student also! Da musste er ja meinen ersten Mann dort kennengelernt haben! War das ein Glücksfall! Da konnte ich dem lieben Hans vielleicht etwas zukommen lassen. Ich wusste ja nicht, wie es ihm im Paradies erging.“

Wenn du die Gedanken der Bäuerin ohne die Einleitung „ich dachte“ zum Ausdruck bringst, stehen ihre Überlegungen in der Vergangenheit.

AUFGABE 16

Setze das Beispiel fort und ergänze weitere Gedanken der Bäuerin in derselben Art.

AUFGABE 17

Schreibe auch die Gedanken, die der Bauer hat, als ihm seine Frau erzählt, was sie dem Studenten mitgegeben hat, in derselben Form auf.

Wenn du an einer Stelle zügiger erzählen willst, solltest du die Gedanken der Personen nicht in allen Einzelheiten wiedergeben. Die oben breit ausgeführten Gedanken der Bäuerin können auch in einem Satz zusammengefasst werden:

> „Freudig überlegte ich, dass der Student im Paradies meinen ersten Mann kennengelernt haben musste und ihm vielleicht einige Gaben überbringen könne."

AUFGABE 18

Fasse die in Aufgabe 17 ausgeführten Gedanken des Bauern in einem Satz zusammen.

Die Ich-Erzähler/innen können auch etwas über die Gefühle sagen, die ihre Gedanken begleiten. Sprachlich kann das durch adverbiale Bestimmungen zum Ausdruck kommen. So überlegt die Bäuerin „freudig", welche Folgen sich daraus ergeben können, dass der Student angeblich aus dem Paradies kommt. So können Erzähler/innen auch zum Ausdruck bringen, was sie von ihren eigenen Handlungen, Gedanken oder Gefühlen halten. Die Bäuerin könnte zum Beispiel der Meinung sein, dass sie „blitzschnell scharfe Überlegungen" anstellte. Du kannst es deinem Publikum überlassen, für wie glaubwürdig es dein Urteil hält, vor allem wenn du deine Rolle als Erzählerin = Bäuerin gut spielst.

AUFGABE 19

In der folgenden Erzählung tritt der Bauer als Ich-Erzähler auf. Ergänze die Lücken im Text, indem du fehlende Gedanken und Gefühle und ihre Bewertung durch den Bauern einfügst. Wir geben dir am Anfang des Textes Beispiele.

Ich rannte, so schnell ich konnte, in die Richtung, die mir der Fremde angegeben hatte. „Der Schurke wird mir nicht entgehen“, dachte ich. Weit konnte er ja noch nicht gekommen sein! „Er darf nur nicht merken, dass er verfolgt wird“, sagte ich im Stillen zu mir. Am Waldrand blieb ich erst einmal stehen und überlegte ________ . ________ schlich ich mich von Baum zu Baum. „________ “, dachte ich. Als schon eine Stunde vergangen war, fühlte ich ________ . Sollte ________ ? ________ beschloss ich, zu meinem Pferd und dem Fremden zurückzukehren. Als ich von weitem weder den Fremden noch mein Pferd entdecken konnte, dachte ich: „________ “ Sollte ________ ? Als ich zu der Stelle kam, wo ich mein Pferd bei dem Fremden zurückgelassen hatte, war kein Zweifel mehr: Der Fremde war mit dem Pferd verschwunden. Da fühlte ich, ________ .

AUFGABE 20

Erzähle die Geschichte aus der Sicht der Bäuerin (des Studenten). Verwende dabei möglichst alle sprachlichen Mittel, die wir vorgeschlagen haben.

MERKE

- Verwende beim Nacherzählen deine eigene Sprache.
- Erzähle im Präteritum. Mache Abschnitte zwischen den Erzählschritten.
- Achte beim Erzählen auf den Zusammenhang. Verdeutliche ihn durch Konjunktionen.
- Beachte die Proportionen des Erzählfischchens: Durch Raffen hältst du es schmal, durch Dehnen bekommt es mehr Fleisch.
- Die indirekte Rede rafft die Erzählung, die direkte dehnt sie. Dehnen kannst du auch durch Beobachtung von Sinneseindrücken, ‚Großaufnahme‘ und ‚Zeitlupe‘.
- Deine Gedanken und Gefühle kannst du als Ich-Erzähler/in auch ohne Redeeinführung ausdrücken. Sie stehen dann in der Vergangenheit.

Regeln für die gute Nacherzählung

MERKE

Durch Vorarbeiten musst du den Bauplan des Originals bestimmen. Zum Bauplan gehören die Ausgangssituation (Was? Wann? Wer? Wo?), die Erzählschritte (auch roter Faden oder Gräte des Erzählfischchens genannt), die Warum-Fragen und die neugierige(n) Leserfrage(n). Wo sich die Leserfrage(n) zuspitzen, hat das Erzählfischchen seine größte Ausdehnung.

Die Sprache der Nacherzählung ist möglichst selbstständig.

Die schriftliche Nacherzählung steht im Präteritum.

Beim Nacherzählen musst du deinem Publikum den Zusammenhang der Geschichte verdeutlichen. Benutze dazu Konjunktionen. Wechsle im Erzählzusammenhang zwischen dem Gebrauch von Substantiven und Personalpronomina.

Wo das Erzählfischchen schmal sein soll, musst du raffen. Soll es mehr Fleisch bekommen, musst du dehnen.

Beim Raffen fallen unwichtige Einzelheiten weg. Direkte Rede wird in indirekte Rede verwandelt.

Beim Dehnen verwendest du die direkte Rede. Außerdem kannst du durch die ‚Zeitlupe' (Bewegungen werden in allen Einzelheiten erzählt), ‚Großaufnahme' (z.B. genaue Beobachtung des Gesichtsausdrucks) und Beobachtung von Sinneseindrücken (alles, was du hören, sehen, riechen, schmecken, fühlen kannst) die Erzählung dehnen.

Beim Erzählen mit veränderter Perspektive ändern sich meist Zahl und Reihenfolge der Erzählschritte. Bestimme also zunächst den veränderten Bauplan.

Versetze dich ganz in die Rolle des Ich-Erzählers/der Ich-Erzählerin. Teile mit, was er/sie denkt und fühlt und wie er/sie sich und andere beurteilt.

Quellenverzeichnis

Texte

S. 60ff.: Aus: Max von der Grün, Vorstadtkrokodile

Abbildung

S. 53: E. O. Plauen, Vater und Sohn. Gesamtausgabe

Platz für deine Notizen

Lösungsheft

Werner Elflein/Ursula Brech

Training Aufsatz
Erzählen/Nacherzählen

5./6. Schuljahr

Ernst Klett Verlag
Stuttgart Düsseldorf Leipzig

Gesamtherstellung: Wilhelm Röck, Weinsberg
Beilage zu 3-12-922089-5

1 Erlebtes erzählen

AUFGABE **1**

Bei dem darzustellenden Erlebnis kann es sich um etwas Besonderes, Merkwürdiges, Lustiges, Komisches, Seltsames, Überraschendes, Aufregendes, Aufregenswertes (also etwas, über das man sich aufregen könnte), Spannendes, Unheimliches, Ärgerliches, Ungewöhnliches, Entsetzliches, Schmerzliches, Trauriges, Heiteres, Angenehmes usw. handeln.

AUFGABE **2**

Auch das Frühstück, z.B. seine Zubereitung, gibt eventuell etwas für das Wiedererzählen her. Die Treppe, das Überspringen der Stufen und das Rutschen auf dem Geländer muss ja nicht immer gut gehen. Was für Unannehmlichkeiten können mit einer ins Schloss fallenden Haustür verbunden sein? Auch ein Fahrrad bietet fast unbegrenzte Möglichkeiten zu Erlebnissen, unter Umständen sogar zu sehr gefährlichen. Das gleiche gilt für eine viel befahrene Hauptstraße in der Dunkelheit, während eine Abkürzung durch den Wald, zumal bei Nebel, zu andersartigen, aber nicht minder erzählenswerten Erlebnissen führen kann. Also hier sind die Stichwörter noch einmal im Überblick: Wecker, duschen, Frühstück, Treppe, zufallende Haustür, Fahrrad, Hauptstraße, Abkürzung durch den Wald.

AUFGABE **3**

	Überschrift: Ein Streich
duschen	Vorfreude auf warme Dusche. Lange Duschzeit. Warten der anderen Familienmitglieder. Ärger. Bruder stellt warmes Wasser ab. Kälteschock.
	Überschrift: Eine Ungeschicklichkeit
Frühstück	Eltern abwesend. Selbstversorgung. Ungenügende Vorratsbeschaffung. Milch übergekocht. Toast angebrannt. Ohne Frühstück in die Schule. Hoffen auf baldige Rückkehr der Eltern.
	Überschrift: Ein schmerzliches Erlebnis
Treppe	Trotz ständiger Ermahnungen der Mutter Treppe im Sprung genommen. Besondere Eile, um rechtzeitig zum Bus (Schulausflug) zu kommen. Mehr Treppenstufen als gewöhnlich. Abgeknickt. Bänderzerrung.

Keine Schule. Kein Ausflug. Dafür Krankenhaus.

Treppengeländer als Variante: Beim Rutschen Holzsplitter durch die Hose ins Hinterteil.

Überschrift: Ein aufregendes Erlebnis

<u>Haustür</u> — Heute niemand daheim. Schlüssel in der Wohnung vergessen. Ist der Elektroherd abgestellt? Quälende Stunden in der Schule.

Überschrift: Eine Lehre

<u>Fahrrad</u> — Vorgeschichte: Ständige Vorhaltungen der Eltern, weil Fahrrad nicht sofort nach Gebrauch in den Keller gestellt wird. Trotzdem wieder einmal vergessen. Morgens große Überraschung: Fahrrad nicht vorhanden. Suche vergebens. Gestohlen? Oder Mutter hat Fahrrad in Garage versteckt.

Überschrift: Mit dem Schreck davongekommen

<u>Hauptstraße</u> — Rekordversuch für Schulweg mit Freunden. Fahrrad in schlechtem Zustand: Licht funktioniert nicht, Bremsen nicht in Ordnung. Morgens noch dunkel. Schlechte Sicht. Belebte Straße. Berufsverkehr. Hektik. Unfall, Sachschaden. Personen glimpflich davongekommen.

Überschrift: Ein Missgeschick

<u>Abkürzung durch den Wald</u> — Schlechte Wege im Wald. Fahrrad hat schmale Räder. Empfindlich. Wurzelwerk und Steine im Weg. Schließlich: Platten (Plattfuß). Reifenflicken. Abkürzung braucht doppelte Zeit.

Überschrift: Ein unheimliches Erlebnis

Nebel. Einsamkeit. Nebelfetzen als unheimliche Gestalten. Geräusche. Angst. Auftauchende Nebelgestalt entpuppt sich als harmloser Wegweiser.

Überschrift: Glück im Unglück

Wegen Nebel Orientierung verloren. Waldwege sehen alle gleich aus. Irrfahrt. Begegnung mit Spaziergänger. Hilft weiter. Abkürzung nur noch bei schönem Wetter.

AUFGABE 4

Glück im Unglück / Ein ärgerliches Erlebnis / Am Schluss mussten wir doch lachen / Noch einmal davongekommen / Als ich jemandem mal einen Streich spielte / Eine schmerzhafte Angelegenheit / Lustig war's schon, aber ... / Ein aufregendes Abenteuer / Was hätte da alles passieren können!

AUFGABE 5

Bei einem Thema wie „Ein Tiererlebnis" bist du nur daran gebunden, dass im Mittelpunkt deines Erlebnisses ein Tier steht. Welches, ist dir überlassen; auch ob die Geschichte auf etwas Lustiges oder Trauriges oder ... hinauslaufen soll.

Sogar noch freier bist du bei einem so allgemein gehaltenen Thema wie „Ein Ferienerlebnis".

Die „Ferien auf dem Bauernhof" schränken dich da schon mehr ein durch die Wahl des Ortes und der Szenerie.

Die Streich-Geschichte weist auf einen bestimmten Knüller hin, lässt aber offen, was dabei herauskommt, ob die Geschichte nur lustig ist oder eventuell ärgerlich oder ob sie gar böse ausgeht.

AUFGABE 6

Die Sprichwörterthemen verlangen von dir eine Geschichte, in der das Sprichwort durch ein konkretes Erlebnis belegt und veranschaulicht wird. Solche Erzählungen laufen meistens auf eine Belehrung hinaus, sie haben lehrhaften Charakter.

2 Planvoll erzählen

AUFGABE 1

Mögliche Pointe (Knüller): Es gelingt tatsächlich, nach langem Bangen, den unterernährten Igel durchzufüttern und den Winter über am Leben zu erhalten.

AUFGABE 2

Zum Beispiel: Der Igel wird schamponiert und gebadet. Er ist wasserscheu und versucht, dem Waschen zu entgehen. Zuerst durch Flucht, dann durch einen Biss in die Hand.
Oder: Der Igel ist aus der Kiste verschwunden, die für ihn als Winterquartier hergerichtet war. Überall wird er gesucht. In der Speisekammer

hört man ein schmatzendes Geräusch. Der Igel hat sich ein anderes Winterquartier gesucht: eine mit Äpfeln gefüllte Obstkiste.

Oder: Der Igel ist in den Korb mit Wollknäueln geklettert und hat es sich dort behaglich gemacht. Als die Mutter stricken will, fasst sie in ein stacheliges Knäuel.

AUFGABE 3

In den letzten Sommerferien: wann? ich mit meinen Freunden: wer? wir: wer?
in Holland an der Nordsee: wo? am Rande eines Wäldchens: wo?

AUFGABE 4

① wer? Ich, mein Hund Leo
wann? als ich eines Nachmittags, es war Freitag ... von der Schule nach Hause kam ...
wo? Schule, Haus des Erzählers
was? Begrüßung durch den Hund

② wer? Ich mit meiner Freundin
wann? am späten Mittwochnachmittag um 14.53 Uhr
wo? Hauptstraße
was? einkaufen

③ wer? Meine Mutter und ich
wann? Tag vor Heilig Abend
wo? keine direkte Angabe, aber vermutlich zu Hause
was? Christbaum schmücken, schneien

④ wer? Wir. Wer sich hinter dem „wir“ verbirgt, wird in diesem Beispiel erst im Verlauf des weiteren Textes klar: ich, der Erzähler. Sein Vater. Seine Mutter. Eventuell noch weitere Personen, die vielleicht später erst genannt werden.
wann? abends (vgl. Abendprogramm)
wo? zu Hause; in einem Raum, in dem ein Fernsehapparat steht. Küche als nächster Schauplatz.
was? gemütlich sitzen. Weinflasche öffnen, Knall.

⑤ Der Vorspann gehört zum Brief, aber nicht zur Erlebniserzählung. Die beginnt erst mit dem 2. Satz.
wer? Erzählerin, Vera, Karsten, Dirk
wann? gestern Mittag
wo? am Neckar, Gasthaus
was? Radtour, einkehren zum Essen und Trinken

AUFGABE **5**

Beispiel 1: evtl. leichte Andeutung durch das Adjektiv „stürmisch“
Beispiel 2: –
Beispiel 3: –
Beispiel 4: Knall wie von einer Explosion. Erschrocken. „O Gott.“ Mutter kreidebleich.
Beispiel 5: Allgemeine Andeutung: ein weniger lustiges Erlebnis.

AUFGABE **6**

Beispiel 6:
„besonderes“ Geburtstagsgeschenk.
Geschenk: Um was es sich handelt, wird noch nicht verraten. Prinzip der Verrätselung.
Es passiert „etwas Besonderes“. So wenig alltäglich, dass man es jetzt noch weiß und sich sogar noch lange erinnern wird.

Beispiel 7:
Andeutung allgemein: „es“ = etwas passiert. Verrätselung: das, was passierte. Das Geschehen wird nicht genannt, aber dass es ganz lustig war. Weitere Andeutung: Für den Vater war es wohl nicht so ganz lustig, vielleicht ärgerlich oder peinlich oder …

AUFGABE **7**

Beispiel 2:
Am späten Mittwochnachmittag um 17.53 Uhr ging ich mit meiner Freundin zum Einkaufen. Wir mussten ein Stück die Hauptstraße entlanggehen. Ich nahm diesen Weg sehr ungern, zumal in der Abenddämmerung. Und mein ungutes Gefühl trog mich auch diesmal nicht.

Beispiel 3:
Es war ein Tag vor Heiligabend. Meine Mutter und ich schmückten gerade den Christbaum. Draußen schneite es, und ich freute mich schon riesig, dass es endlich einmal wieder weiße Weihnachten geben würde. Aber es wurden nicht nur weiße, sondern für meinen Onkel eigentlich eher schwarze Weihnachten; denn Schnee kann auch sehr unangenehm sein.

AUFGABE **8**

Da kann einem schon der Appetit vergehen.
Ein Hund im Wirtshaus verdirbt den Spaß am Essen.

AUFGABE

9 Vier Freunde unternehmen eine Radtour. Hungrig und durstig kehren sie in einem Gasthaus ein. Ein Hund verdirbt ihnen den Appetit, zuerst dadurch, dass er sich schüttelt, als das Essen gebracht wird, dann dadurch, dass er sein Fressen wieder von sich gibt.

AUFGABE

10 Eine Eidechse geht in Erholung (auf Urlaub).

Am letzten Schultag übergibt Markus seinem Freund Volker einen Schuhkarton mit einer Eidechse. Sie soll ein bisschen Luftveränderung haben. Volker lässt sie zu Hause aus Mitleid im für Eidechsen idealen Steingarten frei, kann sie aber nicht wieder einfangen.

AUFGABE

11 Eine Lösung können wir dir hier nicht vorgeben. Wir hoffen, du hast dir etwas Lustiges, Spannendes usw. ausgedacht.

AUFGABE

12 Der Aufsatz handelt davon, dass ein Mädchen mit seiner Mutter am Tag vor Weihnachten die Rückkehr des Vaters, der die Großmutter von weither mit dem Auto holt, erwartet, und zwar zum Mittagessen. Wegen der Schneemassen gibt es ein Verkehrschaos. Die daheim Wartenden machen sich Sorgen. Erlösung nach sechs Stunden Verspätung.

AUFGABE

13 „Sie kommen gleich." Mehr als ein Drittel des Aufsatzes ist schon vorbei.

AUFGABE

14

AUFGABE

15 Es war der Nachmittag vor Heiligabend. Ich durfte mit meiner Mutter den Christbaum schmücken, weil mein Vater nicht zu Hause war. Er wollte meine Großmutter, die in der Lüneburger Heide wohnte, über Weihnachten zu uns holen. Draußen schneite es vor sich hin. Keine gute Aussicht für den nächsten Tag, an dem mein Vater mit dem Auto zum Mittagessen zurück sein wollte. Als ich am nächsten Morgen aus dem Fenster schaute, sah ich meine Befürchtungen bestätigt. Es hatte mindestens einen halben Meter geschneit. Da es bis zum Mittagessen noch Zeit war, wollte ich noch die Freuden des Winters genießen und ging nach draußen, wo ich einen Schneemann und ein Schneehaus baute. Kurz vor der erwarteten Ankunftszeit rief meine Mutter: „Katrin, komm rein! Sie kommen gleich." Ich ging ins Haus und zog mein gutes Kleid an. Als ich das Radio einschaltete, kamen gerade Nachrichten. Ich wollte schon einen anderen Sender einstellen, da hörte ich den Sprecher sagen: „Chaos auf den bundesdeutschen Straßen. Durch die ungeheuren Schneemassen sind die Räumfahrzeuge völlig überlastet ..." „Hoffentlich kommen sie durch und es passiert nichts!", sagte meine Mutter. Die Zeit verging, aber mein Vater und meine Großmutter kamen nicht. Langsam machten wir uns Sorgen. Endlich hörten wir ein Auto vorfahren. Sie waren es. Das Auto hatte am Kotflügel eine kleine Beule und Vater und Großmutter machten einen entnervten Eindruck. Aber sonst war alles in Ordnung und, nachdem sie ihre Geschichte von der Fahrt durch das Schneechaos und von der Beule erzählt hatten, machten sie schon wieder einen normalen Eindruck. Dann holten wir das Mittagessen nach, aufgewärmt natürlich, und dann kam die richtige Bescherung. Und so wurde es trotzdem noch ein schönes Weihnachtsfest.

AUFGABE

16 Auch in diesem Fall können wir dir – aus leicht einsehbaren Gründen – keine fertige Lösung präsentieren.

3 Anschaulich schreiben

AUFGABE

1 „Langsam machten wir uns Sorgen."

AUFGABE

2 Sorgenvolles Warten

1. Häufiger Blick auf die Uhr.
2. Radionachrichten über Straßenverhältnisse einschalten.
3. Mutter: „Hoffentlich ist nichts passiert!"
4. Unruhe; immer wieder zum Fenster gehen und Ausschau halten.
5. Mittagessen vom Herd nehmen. Kochen unterbrechen. Vorwurfsvoll: Essen verkocht.
6. Bei jedem Motorengeräusch horchen, aufspringen, enttäuscht wieder hinsetzen.
7. Zeitung zur Hand nehmen, herumlesen, sich aber nicht konzentrieren können, Zeitung wieder weglegen.
8. Reden: Jetzt könnten sie aber wirklich kommen.
9. Sollen wir bei der Polizei anrufen?
10. Beruhigung: Wenn etwas passiert wäre, hätten wir schon Nachricht.
11. „Jetzt lass uns endlich essen!" „Nein, warte noch! Sie müssen jeden Augenblick da sein."
12. Mutter: „Jetzt mache ich mir aber wirklich Sorgen!"

AUFGABE

3 (Anfang wie S. 9 mit folgenden Ergänzungen)

... Ich wollte schon einen anderen Sender einstellen, da hörte ich den Sprecher sagen: „Chaos auf den bundesdeutschen Straßen. Durch die ungeheuren Schneemassen sind die Räumfahrzeuge völlig überlastet ..." „Hoffentlich kommen sie durch, und es passiert nichts!", sagte meine Mutter. Die Zeit verging, aber mein Vater und meine Großmutter kamen nicht. Langsam machten wir uns Sorgen. „Gleich ist es schon 15 Uhr. Jetzt könnten sie aber wirklich kommen. Das Essen verkocht ja schon. Das schöne Gemüse." Meine Mutter machte ein verzweifeltes Gesicht, sicher nicht nur wegen des Essens. Jetzt fasste sie einen Entschluss. Sie schaltete den Herd aus und schob die Töpfe von der Kochplatte. Dann setzte sie sich in den Sessel, nahm eine Illustrierte zur Hand, blätterte ein wenig, schaute zur Uhr und blätterte weiter. Draußen wurde das Geräusch eines Autos hörbar. Beide sprangen wir auf und stürzten ans Fenster. Es war der Nachbar. „15.30 Uhr schon! Ich glaube, ich rufe die Polizei an!" Meine Mutter war schon ganz nervös. Immer wieder eilte sie zum Fenster und schaute hinaus. „Nichts! Jetzt rufe ich an!" Ich versuchte sie und mich zu beruhigen: „Wenn etwas passiert wäre, hätte die Polizei schon bei uns angerufen. Die stecken einfach im Stau." Also warteten wir weiter und horchten auf jedes Geräusch, das von der Straße heraufdrang. Es wurde schon langsam dunkel, da hörten wir ein Auto vorfahren. Sie waren es. Erleichtert sprangen wir die Treppen hinunter und liefen ihnen entgegen ...

AUFGABE 4

1. Freude über ein Geschenk:
lachen, jubeln, den Geber umarmen, Kuss geben, die Tatsache des Geschenks gleich weitererzählen, sich sofort mit dem Geschenk beschäftigen (spielen, anziehen), (bei Kleidung) vor den Spiegel treten, sich drehen, von allen Seiten besehen, Ausruf: Wie schön!, Geschenk immer wieder zur Hand nehmen und anschauen

2. Zorn:
Gesicht läuft rot an, Zornesadern schwellen, Augenbrauen zusammenziehen, Stirn in Falten legen, Mund verziehen, Hände zur Faust ballen, auf den Tisch trommeln, erregt hin- und herlaufen, vom Stuhl aufspringen, jemanden anschreien, mit dem Fuß aufstampfen, schlagen, jemanden schütteln, hart anfassen. Beschimpfungen

3. Beleidigtsein:
Gesicht verziehen, sich abwenden, sich in den Schmollwinkel zurückziehen, verstummen, nicht mehr reden, sich in sich zusammenziehen, schmollen, auf Fragen nicht antworten

4. Angst
unterm Bett nachschauen, Türen verriegeln, Kopf unter die Bettdecke stecken, feuchte Hände bekommen. Angstschweiß auf der Stirn, zittern, Kribbeln in der Magengegend, blass werden, sich anschmiegen, anhänglich werden, in allen Zimmern Licht anknipsen, jemanden bitten, ob er bleibt

5. Lustlosigkeit, Langeweile:
Gesichtszüge hängen lassen, mit unfreundlichem Gesicht herumlaufen, ziellos herumgehen, alles anfangen, bei nichts bleiben, vieles anfassen, aber kurz darauf wieder hinlegen, schlaffe Körperhaltung, sich aufs Bett werfen, an die Decke blicken, zum Fenster gehen und hinausschauen, immer auf der Suche nach Interessantem, Anregendem, Herumstochern im Essen, Herumkritzeln in Heften, Zeitschriften

6. Zahnschmerzen:
jammern, Wange halten, Wärmflasche an die Wange halten, dann Eisbeutel, Kopf schief legen, nach Tablette fragen, überlegen, ob man Arzt anruft, sich Vorwürfe machen, weil man nicht früher zum Zahnarzt gegangen ist, Zähne aufeinander beißen, Tuch um Kinn und Kopf wickeln, sich ins Bett legen, sich hin- und herwälzen

AUFGABE 5

1. traurig sein, mutlos sein / 2. Schmerzen haben / 3. Schmerzen aushalten / 4. arrogant sein, sich über jemanden erhaben fühlen / 5. genau zuhören / 6. wie 5. / 7. sich für jemanden interessieren / 8. Ausdruck von Er-

schrecken / 9. stolz / 10. leise, vorsichtig gehen / 11. anmaßend, angeberisch sein / 12. staunen / 13. etwas nicht mögen / 14. stehlen / 15. ratlos sein, nicht wissen / 16. verschwenden / 17. viel Geld haben / 18. etwas mit Leichtigkeit tun können / 19. völlig überrascht sein / 20. sich mit einer gefährlichen Sache befassen / 21. verwirrt, verstört sein / 22. helfen / 23. jemanden beobachten, überprüfen, überwachen / 24. ohne Rücksicht, blindlings seine Interessen verfolgen

AUFGABE 6

1. öffnen / 2. schließen, verschließen / 3. säubern, reinigen / 4. zerstören / 5. reparieren / 6. beenden, zum Abschluss bringen, fertig stellen / 7. töten, umbringen, ermorden / 8. aufräumen / 9. Licht einschalten, anknipsen / 10. teilnehmen, sich beteiligen

AUFGABE 7

Mein Hamster Moritz
(1) erfüllte; (2) fuhr; (3) suchte; (4) setzte; (5) stellte; (6) öffnete; (7) beißen; (8) schloss; (9) gewarnt; (10) genannt hatte; (11) beißen; (12) Füttern; (13) Reinigen; (14) schützen; (15) gelegt; (16) gewöhnte; (17) denke

Übermut tut selten gut
(1) unternehmen; (2) langweilte; (3) klingelte; (4) stand; (5) abholen; (6) sausten; (7) drehte; (8) wählten; (9) übertrafen; (10) aufstellen; (11) fuhr; (12) riet; (13) hörte; (14) blieb; (15) festgefahren; (16) erreichte; (17) getragen; (18) prallte; (19) zogen; (20) erfuhr; (21) bringen; (22) sich übergeben; (23) festgestellt

Der Schreck
(1) machten; (2) beobachten; (3) sahen; (4) blutete; (5) führte; (6) gingen; (7) gefolgt; (8) wussten; (9) herauskommen; (10) führt; (11) gingen; (12) gerieten; (13) knackte; (14) drehten; (15) zeigte; (16) trauten

AUFGABE 8

Keine „wörtliche Rede“ am Anfang, weil der Erzähler zur Sache kommen will und die Erzählung zügig vorantreiben muss. Wörtliche Rede ist aber ein Mittel der Entfaltung, das am besten eingesetzt werden kann, wenn der entscheidende Handlungsteil erreicht ist. Dann dient sie als Ausdruck von Gedanken und Gefühlen, Erhöhung der Spannung, Detaillierung. Also sollte hier die „wörtliche Rede“ nicht vor dem Festsitzen der Angel einsetzen.

... da saß die Angel unseres Freundes Peter plötzlich fest. „Mensch, ich hab' einen an der Angel!“, rief Peter. Doch die Schnur ließ sich nicht einholen. Entweder hatte sich der Köder in einem Algenbüschel verfangen, oder ein außergewöhnlich großer Fisch hatte angebissen. Peter bat meinen Vater: „Kannst du mir mal helfen? Ich schaff' das nicht allein.“ Jetzt zogen mein Vater und Peter mit vereinten Kräften, der eine holte die Schnur Meter um Meter ein, der andere rollte sie auf. Gott, musste da ein Brocken an der Angel sitzen. Jedenfalls mühten sich die beiden furchtbar ab. Die Spannung wuchs. „Meinst du, das ist ein Fisch?“, fragte Peter. „Ich weiß nicht. Da ist kein Zucken zu spüren.“ Wir einigten uns auf ein großes Algenbüschel. Jetzt durften es höchstens noch 10 m sein. Jeden Augenblick musste die „Beute“ zu sehen sein. Noch ein Zug und noch einer und – „Um Gottes Willen, ein Seeungeheuer“, rief mein Vater und wurde blass. Ein Monstrum mit weit aufgerissenem Maul erschien. „Schaut mal, die spitzen Zähne!“ Uns allen wurde weich in den Knien. Mein Vater glaubte, dass es sich um einen Seewolf handelte ...

4 Phantastisches erzählen

AUFGABE **1**

Mitten im Sprung mit dem Pferd in der Luft umkehren und sich am eigenen Zopf mit dem eigenen Arm aus dem Morast ziehen.

AUFGABE **2**

Besonders geeignet sind die Stellen, in denen die Geschichte auf eine kritische Situation zuläuft. Die phantastische Erfindung stellt dann häufig die Lösung eines Problems oder die Aufklärung eines rätselhaften Vorgangs dar, bietet einen Ausweg zum Guten und führt die Geschichte zu einem Happyend.

AUFGABE **3**

Der Erzähler muss auf irgendeine Weise selbst aus den gefährlichsten Situationen noch einmal davongekommen sein, vielleicht sogar als erfolgreicher Held, dem immer alles gelingt. Man könnte sich allerdings auch vorstellen, dass ein Erzähler von seinen Misserfolgen spricht. Da er aber später erzählt, was er vorher (angeblich) erlebt hat, so muss er zumindest überlebt haben.

AUFGABE 4

1. Die Jagd auf einen Hasen, der auf dem Rücken nochmals vier Läufe besitzt und sich, wenn die Bauchbeine ermüdet sind, herumwirft und auf dem Rücken weiterläuft.
2. Der Hund, der so schnell und so lange im Dienste Münchhausens lief, dass er sich die Beine bis dicht unter den Leib bis auf Stummel weglief.
3. Der berühmte Ritt auf der Kanonenkugel.

AUFGABE 5

Ein anderes Mal hatte ich eine noch gefährlichere Situation zu meistern, die mich fast das Leben gekostet hätte. Ich ritt auf meinem Pferd durch eine Sumpflandschaft, deren Gefährlichkeit ich nicht richtig einschätzte. Zwar merkte ich wohl, dass die Hufe meines Pferdes ab und zu tiefer als gewöhnlich einsanken, aber ich achtete nicht weiter darauf. Da blieb mein Pferd plötzlich vor einem ca. fünf Meter breiten, mit Wasser gefüllten Graben stehen. „Nun“, sagte ich, „das ist doch kein Problem für uns beide!“, nahm mit dem Pferd einen tüchtigen Anlauf und drückte ihm die Sporen tief in die Flanke. Doch auch das nützte nichts. Zwar machte mein Pferd einen mächtigen Satz, aber wir flogen nicht weit genug. Unweigerlich wären wir im Sumpf gelandet, wenn ich nicht geistesgegenwärtig mein Pferd an den Zügeln herumgerissen hätte und den Schwung ausnutzend wieder dort gelandet wäre, woher ich gekommen war. Jetzt nahm ich noch einen größeren Anlauf, das Pferd drückte sich kräftig ab. „Jetzt muss es gehen“, dachte ich. Da aber der weiche, morastige Boden nachgab, langte es gerade bis zur Mitte des Sumpfes, und dann war es geschehen. Bis zur Brust steckten mein Pferd und ich im Morast. Alles Strampeln und Mit-den-Armen-Fuchteln nützte nichts. Wir sanken langsam, aber stetig. Schon sah ich den Tod unweigerlich vor Augen. Die Kräfte des Pferdes begannen zu erlahmen. Sein Wiehern verwandelte sich in ein klägliches Keuchen. Ich schrie um Hilfe. Doch niemand war in der Nähe, der mich hätte hören können. „Hilf dir selbst, so hilft dir Gott!“, hieß es immer. Aber wie? Der Morast stieg, wir sanken weiter. Noch ein paar Spannen, und es war endgültig aus. In meiner Verzweiflung fasste ich meinen Schopf und zog. Ich zog mit aller Kraft, die ich noch besaß. Und tatsächlich. Wir hörten auf zu sinken. Ich zog weiter. Und siehe da. Langsam, ganz langsam ging es nach oben. Fest presste ich meine Beine um den Leib des Pferdes. Und mit letzter Anstrengung gelang es mir, mich samt Pferd am eigenen Haarschopf aus dem Sumpf zu ziehen. Erschöpft ließ ich mich am rettenden Ufer zu Boden fallen. Nachdem wir uns einigermaßen erholt hatten, ritten wir in einem Bogen um das Sumpfloch und kamen über einen kleinen Umweg schließlich glücklich ans Ziel unserer Reise.

AUFGABE **6**

- sich mit Schaudern erinnern, d.h. ein haarsträubendes Erlebnis folgt.
- Das Büro hat nur 10 Stockwerke, der Fahrstuhl hält aber nach Erreichen des 10. Stockwerks nicht und zeigt weitere Stockwerke an.
- Ich-Erzählung → Happyend

AUFGABE **7**

Der Erzähler/die Hauptperson befindet sich in einem Fahrstuhl, der nicht mehr hält. Es werden Stockwerke angezeigt, die es in dem Haus in Wirklichkeit nicht gibt.

AUFGABE **8**

Folgende Lösungen sind von Schülern deines Alters gefunden worden:
- Fahrstuhl hat Seil mit Anker als Notbremse, weil das schon öfters passiert ist. Halt wie bei Fesselballon. Erzähler klettert am Seil herab.
- Fahrstuhl kann nicht gebremst werden, wird immer schneller. Entpuppt sich als Rakete. Mondumkreisung. Fahrt zurück ohne Einfluss des Erzählers, da Rückkehr programmiert ist.
- Fahrstuhl als Rakete. Eine zweite Rettungsrakete wird hinterhergeschickt. Umsteigemanöver. Sichere Landung auf der Erde.
- Fahrt wird immer rasanter. Erzähler wacht auf. Hat nur geträumt.
- Fahrstuhl steigt nur, solange der Schwung reicht. Dann fällt er wieder. Weiche Landung mit Fallschirm.

AUFGABE **9**

Der Fahrstuhl

... Es hörte gar nicht auf. Im Gegenteil, der Aufzug wurde schneller und schneller. Die Stockwerkanzeige drehte durch und rasselte die Zahlen unleserlich durch. Ich kam mir vor wie in einer Rakete. Es konnten höchstens Sekunden vergangen sein, die mir allerdings wie eine Ewigkeit vorkamen, als der Fahrstuhl an Geschwindigkeit verlor. Jetzt war die Stockwerkanzeige auch wieder lesbar: 1943ster Stock. Wo war ich? Ehe ich mir diese Frage noch beantworten konnte, öffnete sich die automatische Fahrstuhltür, und mir bot sich ein grandioser Ausblick auf ein Wolkenfeld. Dann schloss sich die Tür wieder von selbst, und der Fahrstuhl setzte sich in Bewegung, doch diesmal in die entgegengesetzte Richtung. Es ging abwärts. Nun, ihr könnt euch vorstellen, dass ich über diese Wendung der Ereignisse auch nicht gerade glücklich war. Das Blut schoss mir in den Kopf, sämtliche Eingeweide pressten sich nach oben, die Haare standen mir zu Berge. Die Talfahrt des Fahrstuhls wurde sehr ungemütlich. Er verlor schnell an Höhe, und ich war mir blitzschnell darüber im Klaren, dass mir schleunigst etwas einfallen musste. Sonst würde ich den Sturz nicht überleben. Ich schaute mich um. Der Fahrstuhl selbst war sehr stabil. Er konnte den Aufprall einigermaßen überstehen. Aber ich? Meine Knochen waren wirklich zu zerbrechlich, als dass ich eine Chance gehabt hätte. „Die Hosenträger!“, fuhr es mir durch den Kopf. „Die Hosenträger sind meine Rettung.“ Hastig befestigte ich sie und mich an den Haken der Dachluke meines Fahrstuhls und hing so etwas hilflos, aber mit gewachsener Hoffnung an der Decke unter der Luke. Gleich musste der Fahrstuhl aufprallen. Würden die Hosenträger halten? Da – und ich hatte Glück. Der Fahrstuhl machte eine „weiche“ Landung, genau im Schwimmbecken unseres Freibades. Der Aufprall wurde durch die Hosenträger stark gemildert. Sie spannten sich bis zum Äußersten. Ich knallte auf den Boden und erfuhr im gleichen Augenblick einen Zug nach oben. Die bis zum äußersten gespannten Hosenträger benutzten mich als Geschoss und jagten mich durch die Dachluke nach draußen. Hosenträger samt Hose blieben im Fahrstuhl. Ich selbst landete mit einem eineinhalbfachen Salto im Wasser. Glück muss der Mensch haben. Der Portier unseres Bürogebäudes sagte mir später, dass dieser Defekt der Fahrstuhlanlage schon öfters aufgetreten, aber selten so glimpflich wie in meinem Fall ausgegangen sei.

AUFGABE 10

Endlich wurde ein kleiner Lichtschimmer sichtbar, und als dieser näher kam und größer wurde, war die Überraschung groß und die Bestürzung auch. Die Straße war abrupt zu Ende. Ein Erdrutsch oder Ähnliches hatte die Landschaft außerhalb des Tunnels um 100 m gesenkt. Wir fielen ins Leere …

Rettungsmöglichkeit: Rettungsmannschaft mit Leitstrahlkanone wartet unten, hat Leitstrahl abgeschickt – auf diesem hellen Leitstrahl gleitet das Auto langsam nach unten, kommt wohlbehalten unten an.

AUFGABE 11

Kein Lösungsvorschlag

AUFGABE 12

Der Puddingberg wächst und wächst – drängt aus dem Kühlschrank – überflutet Küche, dann den Flur – bahnt sich einen Weg ins Treppenhaus. Die Gäste kommen, werden fast von der Puddingflut weggerissen. Augenblick höchster Not und Verzweiflung – in diesem Moment klingelt der Wecker. Alles Gott sei Dank nur ein Traum.

AUFGABE **13**

Seltsames Wesen steigt aus: Mischung aus Mensch und Insekt. Das Wesen wirkt nicht bedrohlich, eher lustig. Versuche, sich zu verständigen, schlagen fehl. Das Wesen schwenkt Weltraumkarte. Aha, es hat sich verflogen. Du hilfst ihm auf den richtigen Weg mit Hilfe der Sternkarte. Das fremde Wesen ist sehr erleichtert und fliegt wieder davon.

5 Aus der Sicht einer beteiligten Person erzählen

AUFGABE **1**

Dem Kaufhausdetektiv ist das Lachgesicht zuzuordnen, denn er ist stolz auf den Erfolg. Dass den erwischten Jungen nicht wohl ist und dass sich das auch in ihrem Gesicht ausdrückt, ist klar.

AUFGABE **2**

Eigentlich hatte ich mir dabei gar nichts gedacht. Zuerst jedenfalls. Jetzt sehe ich das natürlich ganz anders, und es tut mir wirklich leid, dass ich bei einer solchen Sache mitgemacht habe. Aber da war einfach der Wunsch stärker, in Toms Bande aufgenommen zu werden. Und Bedingung dafür war, dass wir beide, Fritz und ich, eine Mutprobe bestehen mussten. Als die letzten Bedenken angesichts der großen Ehre, in Toms Bande aufgenommen zu werden, weggewischt waren, gingen wir also ins Kaufhaus und überlegten, was wir mitgehen lassen sollten. „Etwas Nützliches!“, war Fritz' Idee. „Etwas, womit wir den anderen auch noch eine Freude bereiten können.“ Also Schokolade und andere Süßigkeiten. Ja, das sollte es sein. Wir kamen an einen Stand, da standen die Sachen nur so herum. Direkt zum Zupacken. Wir schauten uns um. Niemand in der Nähe, der auf uns achtete. Es war leichter, als wir dachten. Ehe 10 Minuten vergangen waren, hatten 5 Tafeln Schokolade, 5 Päckchen Gummibärchen und 2 Packungen Lakritze den Besitzer gewechselt. Meine Anoraktaschen waren prall gefüllt. Ich steckte meine Hände hinein, damit es nicht so auffiel. „Das reicht“, sagte ich. Mich beschlich ein ungutes Gefühl; denn ich dachte jetzt daran, wie wir das alles an der Kassiererin vorbeibringen sollten, ohne dass man uns erwischte. An der Kasse holten wir uns zur Tarnung noch jeder sichtbar ein Päckchen Kaugummi. Um das zu zahlen, nahm ich meine Hände aus der Tasche, und da geschah es. Eine Tüte mit Gummibärchen fiel heraus und landete mit einem Platsch auf dem Boden. Der Rest ging furchtbar schnell. Die Verkäuferin rief nach einem Mann, der ganz in der Nähe stand und sofort nach uns schnappte. Mit eisernem Griff hielt er uns fest. Ich wurde knallrot und konnte nur noch stottern. Mein Gott, hat der Mann geschrien und getobt; als wären wir die schlimmsten Verbrecher. Die Leute sind zusammengelaufen und haben uns böse angestarrt. Ich will mich aber gar nicht beklagen, schließlich ist es ja unsere eigene Schuld. Und was meine Eltern wohl sagen werden, wenn sie das erfahren? Wenn ich es doch nur ungeschehen machen könnte!

AUFGABE **3**

Also, passt mal auf! Heutzutage gibt es schon unter Kindern Ganoven. Mit ganzen 12 Jahren, kann ich euch sagen, haben die schon eine kriminelle Vergangenheit, dass einem die Haare zu Berge stehen. Heute habe ich zwei von diesen Gangstern erwischt. Die haben gedacht, sie machen's besonders schlau. Aber da haben sie ihre Rechnung ohne den Wirt gemacht. Glaubten sie doch, sie könnten sich mit ihrer Beute direkt an mir vorbeidrücken, ohne dass ich es merken würde. Ich hab's denen ja gleich angemerkt, dass sie etwas im Schilde führten. Die Hände in den gefüllten Taschen und mit Unschuldsmienen einen Kaugummi bezahlen wollen. Stellt euch vor: 1 Kaugummi. Diese Frechheit. Aber nicht mit mir. Ich nichts wie auf sie los, packte sie am Kragen und schüttle die Burschen, dass ihnen ihre Beute nur so aus den Taschen purzelte. Denen habe ich die Tour vermasselt. Gezittert haben sie und gebettelt. Aber da gibt's nichts. „Denen muss man früh genug das Handwerk legen", hat mein Chef gesagt und mir auf die Schulter geklopft. „Sie sind Ihr Geld wert." Ja, das hat er gesagt. Und das meine ich auch.

AUFGABE **4**

„Ich-Erzählung"

Die Situation: Die Frau erzählt ihre Erlebnisse vor dem himmlischen Gericht. Sie ist von den Beklagten im Ofen verbrannt worden. Ihr Ruf ist geschädigt worden, indem man sie zu einer bösartigen Hexe erklärt hat.

AUFGABE **5**

Hänsel in Käfig gesperrt. Absicht, die Kinder zu schlachten. Zaubereien. Zaubersprüche. Lebkuchenhaus. Nicht misstrauisch, bös.

AUFGABE **6**

Erst von dem Augenblick an, da die Kinder an ihr Haus kommen. Die Vorgeschichte kann sie eventuell aus Erzählungen (evtl. Lügen) der Kinder erfahren haben.

AUFGABE

7 Möglicherweise Geldgier. Die Frau hat die Kinder vielleicht beim Stehlen erwischt. Mord, damit die Geschichte nicht entdeckt wird. Der Tod eventuell als Unglücksfall. Mit der Verbrennung Vertuschung der Geschichte.

AUFGABE

8 Hänsel und Gretel

Kennengelernt habe ich die beiden in meinem Häuschen, das am Rand unseres Dorfes liegt. Ich hatte mich gerade zur Mittagsruhe hingelegt, als ich draußen Geräusche hörte. Da waren Tritte und leises Flüstern und Kichern zu hören, dann krachte es plötzlich, als wäre etwas umgefallen.
„Mein Weihnachtskuchen", fuhr es mir durch den Kopf. Ich hatte nämlich Lebkuchen gebacken und die Bleche zum Abkühlen draußen an die Wand gestellt. Ob sich da jemand dran zu schaffen machte? Ich erhob mich mühsam. Mein Rheuma und mein Alter machten mir schwer zu schaffen. Ich öffnete die Haustür und rief „Wer ist denn da?" Da kicherte es hinter dem Holunderbusch und jemand rief: „Der Wind, der Wind, das himmlische Kind." Ein bisschen ärgerte ich mich schon, weil ich das Gefühl hatte, dass sich jemand über mich lustig machen wollte. Also nahm ich meinen Gehstock fester in die Hand, ging auf das Gebüsch zu und entdeckte ein Mädchen und einen Jungen, die munter und, als ob das ganz normal wäre, sich über meinen Lebkuchen hermachten. Sie erzählten mir eine erbarmungswürdige Geschichte von ihrem armen Elternhaus und ihrer bösen Stiefmutter, die sie aus dem Haus getrieben hätte und baten mich, ob sie nicht die Nacht über bei mir bleiben könnten. Mir gefiel zwar das Auftreten der beiden Kinder nicht, aber man musste den Kindern doch helfen. Mein Mitleid gewann die Oberhand, und ich ließ sie ins Haus herein. Sie gingen gleich an alle Dinge, die sie sahen, heran, nahmen sie in die Hand, ohne zu fragen und führten freche Reden, wenn ich etwas verbot. Ich dachte, ich sollte sie jetzt am besten mit etwas Nützlichem beschäftigen und machte den Vorschlag, der Junge solle das Holz vor dem Haus spalten und das Mädchen mir in der Küche helfen. Sie maulten eine Weile darüber, weil sie keine Lust hatten, und erst als ich ihnen versprach, dass ich ihnen bei ihrem Abschied am nächsten Morgen ein schönes Taschengeld mitgeben würde, bequemten sie sich, das zu tun, was sie sollten. Ich hatte zwar den Blick bemerkt, den sich die beiden zuwarfen, als ich vom Geld sprach, aber im Augenblick dachte ich mir nichts dabei. Das Mädchen ging mir derweilen tüchtig zur Hand und verwickelte mich in Gespräche, was mir im Grunde gefiel, denn ich habe gern Unterhaltung. Doch es kann sein, dass sie mich nur ablenken wollte. Als ich nämlich einmal in meine Bettkammer ging, um etwas zu holen, überraschte ich den Jungen, wie er, statt Holz zu hacken, sich dort zu schaffen machte. Das Bett hatte er schon sichtbar umgekrempelt, und er war gerade dabei,

meine Wäsche im Schrank zu durchsuchen. Ich rief ihn an: „Was fällt dir denn ein? Du, du …" Im gleichen Augenblick war er schon auf mich zugesprungen, er hatte meinen Sparstrumpf in der Hand, versetzte mir einen Stoß, dass ich mit dem Kopf gegen die Türkante fiel und mir die Sinne schwanden. Mehr weiß ich nicht. Auf der Erde bin ich nicht mehr zu mir gekommen. Und was da später über diese Sache und über mich erzählt wurde, ist ein Märchen, und zwar ein ganz bösartiges.

AUFGABE **9**

Keine Lösungsvorschläge.

6 Nach Bildgeschichten erzählen

AUFGABE **1**

1. Ein Räuber dringt mit einer Pistole ins Schlafzimmer von Vater und Sohn ein. Sie wachen auf und sitzen aufrecht im Bett.
2. Schusswechsel zwischen Vater und Räuber. Vater und Sohn nehmen hinter dem Bett, der Räuber hinter der Tür Deckung. Der Sohn schaut unter dem Bett in Richtung auf den Räuber.
3. Der Kampfplatz hat gewechselt. Schusswechsel von Tür zu Tür. Der Sohn wirft einen Reißnagel, Dorn nach oben, in den Weg.
4. Vater und Sohn fliehen. Der Räuber hinterher. Der Reißnagel liegt im Weg.
5. Der Räuber tritt in den Reißnagel.
6. Er schreit vor Schmerz auf und lässt die Pistole fallen.
7. Der Räuber wälzt sich am Boden. Der Vater eilt herbei.
8. Der Räuber liegt gefesselt am Boden. Der Vater zieht noch die Schleife fest. Der Sohn betrachtet hockend den Reißnagel im Fuß des Räubers.

AUFGABE **2**

Das mögliche Geschehen außerhalb der Bilder:

vor 1: Wie der Räuber in das Haus eindringt. Wie er die Schuhe auszieht und warum. Wie Vater und Sohn an einem Geräusch erwachen.

vor 2: Wie Vater und Sohn aus dem Bett herausspringen. Wie der Vater zur Pistole kommt. Wie er das Bett verrückt, es als Deckung benützen will.

vor 3: Ortswechsel während des Gefechts. Der Sohn hat bemerkt, dass der Räuber keine Schuhe an den Füßen hat.

vor 4: Der Anlass, weshalb Vater und Sohn die Flucht ergreifen.

vor 5:
vor 6: } Evtl. beobachten Vater und Sohn, was passiert.
vor 7:

vor 8: Der Ringkampf zwischen Vater und Räuber. Jemand holt das Seil. Der Räuber wird gefesselt. Wie er gefesselt wird.

nach 8: Was mit dem Räuber geschieht.

AUFGABE **3**

Drei Personen. „Held“ und wichtigste Person ist wohl der Kleinste, der Sohn.

Die gefährliche Situation wird nicht durch den Vater gemeistert – der muss sogar fliehen –, sondern durch den Sohn.

AUFGABE **4**

Die Pointe: Manchmal haben kleine Ursachen große Wirkungen; ein gefährlicher Räuber wird nicht durch den Vater und seine gefährliche Waffe zur Strecke gebracht, sondern durch den kleinen Sohn und einen kleinen Reißnagel.

AUFGABE **5**

Bild 5. Großaufnahme. Detailaufnahme. Die Aufmerksamkeit wird auf die Ursache der bevorstehenden entscheidenden Wendung gelenkt.

AUFGABE **6**

1. Vater und Sohn sitzen aufrecht und aufmerksam im Bett, als ob sie ein Geräusch gehört hätten.
2., 3. + 4. Pistolenschüsse. Schießerei wird angedeutet durch Pulverwolken und Kugeln.
6. Wehgeschrei, angedeutet durch den zum Schreien geöffneten Mund und die gesamte Körperbewegung.
7. Jammern und Schreien durch den offenen Mund und das Hinfassen an den schmerzenden Fuß.

AUFGABE **7**

6. + 7. Gefühl des Schmerzes. Angedeutet durch Springen in die Luft, Wälzen am Boden, zum Schreien geöffneten Mund und den mit einem Strahlenkranz umgebenen Reißnagel.
8. Der Vater könnte etwas zu dem Räuber sagen.

AUFGABE **8**

Grundstimmung soll sein: bescheidene Genugtuung über den Erfolg.

Wollt ihr hören, wie wir einmal einen Räuber dingfest gemacht haben? Also eines Nachts, mein Vater und ich lagen schon im Bett und schliefen, da wurde ich durch ein seltsames Geräusch wach. Es hatte sich so angehört, als sei eine Tür ins Schloss gefallen. Ich weckte meinen Vater. Jemand schlich im Hausflur entlang. Wir richteten uns auf und saßen senkrecht im Bett. Ein Einbrecher? Jetzt kratzte es an unserer Schlafzimmertür. Langsam öffnete sich die Tür, und da stand er im Zimmer. Mein Vater knipste das Licht an. Der Bandit hatte die Schuhe ausgezogen und war maskiert, in seiner Rechten drohte uns ein Revolver entgegen. Mit einem Satz waren wir aus den Betten. Mein Vater hatte seine Pistole, die immer unter seinem Kopfkissen lag, ergriffen. Die Kugeln flogen zischend und pfeifend durch die Gegend, und es pfiff nur so von den Querschlägern. Aber Gott sei Dank wurde niemand getroffen. Auf dem Fußboden kauernd stieß ich gegen eine Schachtel mit Reißnägeln. „Das könnte auch eine gute Waffe abgeben“, sagte ich und dachte dabei an den schuhlosen Gangster. Ich streute die Reißnägel auf dem Boden aus und floh nach hinten ins nächste Zimmer. Mein Vater, dem es inzwischen auch zu brenzlig geworden war, mir nach. Der Gangster meinte schon, sein Spiel wäre gewonnen, und lief noch immer wild um sich schießend ein paar Schritte auf uns zu. Das war sein Pech. Plötzlich hörten wir einen markerschütternden Schrei des Gangsters. Wir schauten durch die Tür und sahen, wie er sich schreiend und jammernd am Boden wälzte. Er kniff die Augen zu und hielt sich vor Schmerz den linken Fuß. Mein Vater sah seine Chance gekommen. Er sprang auf den Räuber zu, und es dauerte keine zwei Minuten, da hatte er ihn überwältigt und zu einem Paket verschnürt. „So, so“, sagte er, indem er sich über den Mann beugte, der ihn wütend und finster anblickte. „Jetzt machen wir noch ein hübsches Schleifchen zum Schluss und dann ab mit der Post zur Polizei.“ Ich betrachtete mir inzwischen die Fußsohle des Mannes, wo ich nicht ganz unerwartet einen Reißnagel entdeckte.

AUFGABE **9**

Grundstimmung: Wut auf sich selbst

Warum ich hier in diesem Loch sitze? Weil ich ein Dummkopf, weil ich ein Trottel bin. Ich könnte mich heute noch ohrfeigen, wenn ich an diese zwei lächerlichen Figuren von Vater und Sohn denke und deren miese Tricks! Ich war auf Tour im Stadtteil Frauenhausen. Alles mucksmäuschenstill. Es war ja auch schon Mitternacht vorbei. Da kam ich an das Haus von diesen beiden. Die Haustür mit meinem Dietrichbesteck zu öffnen, war Sache von einer Sekunde. Routinemäßig zog ich meine Schuhe aus und tastete mich bis zur nächsten Tür vor. Irgendwie mussten die das spitz gekriegt haben, denn als ich leise die Tür öffnete, ging plötzlich das Licht an. Und dann ging alles so rasend schnell, dass ich gar keine Zeit hatte, mich von meinem Schreck zu erholen. Der Alte schoss auf mich. Das konnte ich mir natürlich nicht bieten lassen von dem Greenhorn. Ich schoss zurück, und schon war die schönste Knallerei im Gange. Ich schoss drei ganze Magazine leer, dass dem Alten die blauen Bohnen nur so um die Ohren flogen. Da gab er Fersengeld, und ich hinterher, weil ich ihnen noch zum Abschied einen tüchtigen Schreck einjagen wollte. Natürlich habe ich dabei nicht auf die Reißnägel geachtet, die überall herumlagen. Ich trat in so ein Ding mit meinen bloßen Füßen hinein. Weißt du, was das heißt: Mit nackten Füßen in einen Reißnagel treten? Ich kann dir sagen, ein höllischer Schmerz ist das. Einen Augenblick hat mich der Schmerz übermannt. Ich humpelte herum. Und das haben die beiden ausgenutzt und sich auf mich geworfen. Zu zweit auf einen! Ich hatte keine Chance, schon gar nicht mit dem Nagel im Fuß. Warum musste ich auch meine Schuhe ausziehen! Das war auf jeden Fall die letzte Tour, die ich halbnackt gemacht habe.

AUFGABE 10

Nun beruhige dich doch. Was ich getan habe, tut mir leid. Ich wusste doch gar nichts von den Zusammenhängen und kannte doch nur meinen Ärger und meine Wut über die Beleidigung, die ihr mir angetan hattet. Naja, ihr wart das ja gar nicht. Aber ich habe das eben gedacht. Da kommt der Fifi auf mich zu, und ich denke noch: „Was hat der denn da in der Schnauze?", da erkenne ich meinen schönen neuen Hut, gefüllt mit einem Berg von Abfall. Und iiih, wie schmierig das Zeug war. Ein Apfelkrips, Bananenschalen, halbverfaulte Obstreste. Und die ekelhaften Pfirsichkerne mit den triefenden Fruchtfleischresten! Wenn ich nur daran denke, kommt mir noch jetzt die Galle hoch! „Die machen sich über dich lustig", dachte ich. Der Gedanke hat mich mehr in Wut gebracht als die Tatsache, dass der Hut natürlich völlig ruiniert war; denn du weißt ja, wie empfindlich ich bin, wenn sich jemand über meine Glatze mokiert. „Verhöhnen lasse ich mich von euch noch lange nicht", sagte ich außer mir vor Wut zu mir selbst, packte meinen Koffer links, rechts trug ich den vermaledeiten Hut, und dann sah ich euch in der Haustüre stehen und lachen. Das gab mir den Rest. Na ja, und dann ist es passiert. Also nochmals, es tut mir leid.

AUFGABE 11

Hauptfiguren: Diener oder Bote, ein adliger Herr, eine adlige Dame
Nebenfiguren: Wegelagernde Ritter (zwei sichtbar)
Der Bote ist der Diener des adligen Herrn. Der Herr und die Dame sind miteinander bekannt.

AUFGABE **12**

Bild 1: Der Burgherr hat gerade einen Brief verfasst, den er seinem Diener übergibt. Der soll einer weit entfernt wohnenden Dame eine Nachricht überbringen. Das sagt der Herr zu seinem Diener und er fügt noch hinzu, dass es eilig sei und wichtig.
Bild 2: Der Bote stürmt die Treppen hinunter.
Bild 3: Er läuft ununterbrochen, um seinen Auftrag auszuführen. Nichts kann ihn aufhalten: Kein noch so starker Regen ...
Bild 4: ... kein noch so breites und tiefes Gewässer. Schwimmend und immer den Brief hoch haltend (damit die wichtige Botschaft nicht nass wird) ...
Bild 5: Auch Raubritter, die ihm den Weg verstellen, können ihn nicht von seinem Auftrag abhalten. Er kämpft allein gegen eine Übermacht und entkommt den Gegnern.
Bild 6: Die Kräfte lassen nach. Er muss sich durch dichtes Gestrüpp in einem schier undurchdringlichen Wald kämpfen.
Bild 7: Gezeichnet von Weg, Wetter und den glücklich überstandenen Abenteuern gelangt er ans Ziel. Seine Kleider sind zerrissen. Erschöpft muss er sich an der Türöffnung festhalten. Aber er erfüllt seinen Auftrag und übergibt der Dame den Brief mit der wichtigen Botschaft.
Bild 8: Die Dame öffnet hastig den Brief und liest. Sie traut offenbar ihren Augen nicht. Ihre Hand hebt sich langsam an den Mund. Der Bote steht dabei und schaut erwartungsvoll. „Einen tüchtigen Botenlohn wird das geben", denkt er.
Bild 9: Da tritt die Dame energisch auf ihn zu, Zorn sprüht aus ihrem Gesicht, und gibt ihm eine schallende Ohrfeige, die ihn körperlich und seelisch völlig aus dem Gleichgewicht bringt.

AUFGABE **13**

Meine Güte, bin ich heute geschafft. Und das für nichts und wieder nichts. Im Gegenteil: Da strengt man sich an, gibt als pflichtbewusster Mensch sein Letztes, und was hat man davon? Prügel gibt's noch obendrein.
Da ruft mich doch mein Herr heute morgen zu sich, gibt mir einen Brief und sagt: „Hier, den bring auf dem schnellsten Weg zum Fräulein von Handstein auf Burg Handstein." Er schärft mir noch ein, wie wichtig der Brief sei. Ich solle nur keine Zeit verlieren und ihn mir bei Todesstrafe ja nicht abjagen lassen. „Wenn es um meinen Kopf geht", so dachte ich, „muss es wohl eine Sache von äußerster Wichtigkeit sein. Vielleicht steht der Frieden auf dem Spiel, oder es geht um Leben und Tod?" Also nahm ich den Brief und machte mich sofort auf den Weg. Alles im Laufschritt. Ich sprang die Treppen hinunter und rannte über Wiesen und Felder, getrieben von der Wichtigkeit meines Auftrags. Zu allem Unglück fing es an zu regnen. Jetzt hätte ich eigentlich Schutz suchen sollen; denn das Wasser

ergoss sich in einem Wolkenbruch vom Himmel herunter. Im Nu war ich bis auf die Haut durchnässt. Aber ich lief und lief, was meine Kräfte hergaben. Dann kam ich an einen breiten Fluß. Ein Schiff gab es weit und breit nicht. Ohnehin nass stürzte ich mich in die Fluten und schwamm aus Leibeskräften mit einem Arm; in der anderen Hand hielt ich den Brief und reckte sie hoch in die Luft, damit er nicht nass wurde. Ungemütlicher noch wurde es nach der Durchquerung des Flusses. Ich lief gerade auf einen Weg zu, da sprangen ein paar Bewaffnete aus dem Gebüsch und wollten mir den Weg verstellen. Sie sahen zwar, dass bei mir keine Reichtümer zu holen waren, aber sie hatten den Brief entdeckt, und der weckte ihre Neugierde. „Her mit dem Brief!“ rief der Anführer mir zu. „Nie im Leben!“ und „Aus dem Weg!“ gab ich zurück und schlug mit meinem Schwert so fürchterlich auf die Straßenräuber ein, dass sie einen Augenblick erschrocken zurückwichen. Doch das genügte mir, ich nutzte die Schrecksekunde und war durch, ehe sie sich besinnen konnten. Sie wollten mir nach, doch mit ihren schweren Rüstungen gaben sie den Versuch bald auf. Der Wald wurde immer dichter, bald gab es keinen Weg mehr, ich musste mich durch das dichte Gestrüpp kämpfen. Überall blieb ich hängen, zerriss mir die Kleider und das Fell. Es wurde immer anstrengender und mühsamer. Mit meinen Kräften war ich am Ende. Es konnte aber nicht mehr weit sein. „Durchhalten!“, dachte ich. „Bloß nicht schlapp machen jetzt so kurz vor dem Ziel.“ Ich riss mich noch einmal zusammen. Dann sah ich sie, die Burg Handstein. Am Rande der Erschöpfung, zerschunden und schmutzig stand ich vor der Dame. Herablassend nahm sie mit spitzen Fingern den Brief in Empfang. Während sie den Brief öffnete, musterte sie mich von oben bis unten. Ich spürte, dass ihr mein Aufzug nicht gefiel. „Warte nur“, dachte ich, „bis du den Brief gelesen hast, dann wirst du mein Pflichtbewusstsein, meine Leiden und meine Dienste erkennen.“ Ich malte mir gerade aus, wie sie mich mit Belohnungen überhäufen würde, da überraschte mich eine schallende Ohrfeige. Die Zornesröte war ihr ins Gesicht gestiegen. Noch einmal holte sie aus: „Da meine Antwort. Richte das Deinem Herrn aus.“ Und wutschnaubend verließ sie den Saal. Ich möchte doch zu gern wissen, was in dem Brief gestanden hat.

7 Eine Nacherzählung – was ist das?

AUFGABE **1**

Uwe macht folgende Fehler:

1. Er erklärt nicht die Ausgangssituation. (Wo spielt sich die Geschichte ab? Wer ist beteiligt? Um was geht es?) Deshalb versteht sein Publikum nicht, worin eigentlich die Gefahr der „Mutprobe“ bestehen soll.
2. Der Zusammenhang seiner Geschichte ist undurchsichtig. Zwischen den einzelnen Sätzen bleiben inhaltlich so große Lücken, dass ein Mitdenken und damit ein gespanntes Zuhören kaum möglich ist. Offene Fragen zwischen den einzelnen Sätzen: Satz 2/3: Warum kann Hannes nicht mehr vom Dach herunterklettern? Satz 3/4: Wer ist Maria? Wie kommt sie in das Telefonhäuschen? Satz 4/5: Wo kommen plötzlich die Männer her, die Hannes retten?
3. Uwes Erzählung wirkt „abgehackt“ und dadurch langweilig. Seiner Erzählung fehlt es an „Fleisch“, d.h. an Ausführlichkeit an entscheidenden Stellen.

AUFGABE **2**

Uwe lässt wichtige Teile der Geschichte aus. Er erzählt nicht, wie die Krokodiler wegfahren oder wie Maria in das Telefonhäuschen geht. Außerdem ist Satz 5 inhaltlich falsch: Hannes wird nicht durch einen Hubschrauber gerettet.

AUFGABE **3**

Wo spielt die Geschichte? Auf dem Gelände einer alten Ziegelei.

Wer ist beteiligt? Außer dem zehnjährigen Hannes die etwas älteren Mitglieder der Krokodilerbande mit ihrem Anführer Olaf und dessen Schwester Maria.

Um was geht es? Hannes soll eine Mutprobe ablegen, um in die Krokodilerbande aufgenommen zu werden.

Warum kann Hannes nicht mehr vom Dach herunterklettern? Es haben sich inzwischen Teile des Daches gelöst; außerdem ist er vor Angst wie gelähmt.

Wie kommt Maria in das Telefonhäuschen? Nachdem die Krokodiler und Maria in einer Panikreaktion auf ihren Fahrrädern davongefahren sind, kehrt Maria zurück und begibt sich in ein Telefonhäuschen in der Nähe der alten Ziegelei. Dort alarmiert sie die Feuerwehr.

Damit ist auch die Frage geklärt, wie die Männer von der Gefahr erfahren, in der Hannes schwebt.

AUFGABE

4 Olaf und die Krokodiler feuern Hannes an, Maria, Olafs Schwester, sieht aus Angst um Hannes weg, der zehnjährige Hannes macht eine Mutprobe, um Mitglied der Krokodiler zu werden, er steigt die wackelige Feuerleiter zum Dach hoch, Hannes hat Angst, er muss weiter zum Dachfirst, wird wieder angefeuert, Hannes kriecht auf dem Bauch zum First, ruft dort „Krokodil" und ist in die Bande aufgenommen.

Hannes klettert unter Gefahren zum Dachfirst; oder: Der Aufstieg auf das Dach.

AUFGABE

5 1. Erzählschritt: Maria hat Angst um Hannes, Hannes findet nur mit Mühe Halt, er rutscht ganz langsam abwärts, meint, er müsse es unbedingt schaffen, da reißt sich plötzlich ein Dachziegel los, Hannes findet letzten Halt an einer Dachlatte und der Dachrinne, er beginnt zu schreien, die Krokodiler fahren davon, Hannes schreit um Hilfe, Maria fährt hinter den Jungen her, kehrt dann um, ruft in einer Telefonzelle die Feuerwehr, hört das Martinshorn, versteckt sich und beobachtet die Rettung, ein Feuerwehrmann rettet Hannes und schimpft ihn dann aus.

Lösungen

2. Erzählschritt: Der Abstieg beginnt.
3. Erzählschritt: Hannes sitzt hilflos auf dem Dach.
4. Erzählschritt: Die Krokodiler fahren davon.
5. Erzählschritt: Maria alarmiert die Feuerwehr.
6. Erzählschritt: Die Feuerwehr rettet Hannes.

AUFGABE

6 Ausgangssituation: Der zehnjährige Hannes wollte Mitglied der Krokodilerbande werden. Deshalb musste er vor den Augen der Krokodiler, ihrem Anführer Olaf und dessen Schwester Maria das baufällige Dach einer alten Ziegelei als Mutprobe besteigen.

1. Erzählschritt: Hannes hatte große Angst, als er über die Feuerleiter zum Dach emporstieg. Alle Krokodiler außer Maria feuerten ihn an. Als er unter großen Schwierigkeiten schließlich den First erklommen hatte, rief er „Krokodil" und war in die Bande aufgenommen.

2. Erzählschritt: Aber damit waren noch nicht alle Schwierigkeiten überwunden. Hannes musste wieder vom Dach herunterklettern, das war bedeutend schwieriger als der Aufstieg.

3. Erzählschritt: Als einige Ziegel sich vom Dach lösten, kam Hannes ins

Rutschen. Er fand gerade noch an einer Dachlatte und an der Dachrinne Halt. Verzweifelt schrie er um Hilfe.

4. Erzählschritt: Als Hannes zu weinen begann, fuhren die Krokodiler auf ihren Fahrrädern davon. Auch Maria folgte ihnen zunächst.

5. Erzählschritt: Dann kehrte Maria jedoch wieder um. Von einem Telefonhäuschen aus alarmierte sie die Feuerwehr. Dann wartete sie, bis sie das Martinshorn hörte.

6. Erzählschritt: Sie versteckte sich im Gebüsch und beobachtete, wie die Feuerwehr Hannes vom Dach rettete.

AUFGABE **7**

Warum fahren die Krokodiler so plötzlich davon?
Z. 114f.: „Die Krokodiler hatten plötzlich mehr Angst als Hannes auf dem Dach." (Vielleicht fühlen sie sich schuldig an der Situation von Hannes?)

Warum kehrt Maria zurück?
Es wird kein ausdrücklicher Grund genannt. Wir können uns ihre Handlungsweise aber durch ihr Verhalten während dem gefährlichen Abenteuer von Hannes erklären: Sie sieht weg (Z. 7.), sie erwähnt, dass Hannes abstürzen könnte (Z. 39f.). Im Gegensatz zu den anderen erkennt sie von vornherein die Gefahr und macht sich deshalb Sorgen um Hannes.

Warum versteckt sich Maria?
Z. 135ff.: „Maria versteckte sich hinter den Sträuchern, damit sie von niemandem gesehen werden konnte, sie hatte Angst, dass es ihr jedermann ansehen könnte, dass auch sie Hannes im Stich gelassen hatte."

AUFGABE **8**

Erzählschritt 1–3 kann unverändert bleiben.

4. Erzählschritt: Denn sie bekamen es plötzlich mit der Angst zu tun. Schließlich hatten sie Hannes ja zu diesem gefährlichen Abenteuer verleitet.

5. Erzählschritt: Maria jedoch kehrte als einzige zurück. Denn sie hatte von Anfang an gemerkt, dass diese Mutprobe gefährlich war. Deshalb hatte sie sich Sorgen um Hannes gemacht.

6. Erzählschritt: ... wie die Feuerwehr Hannes vom Dach rettete. Denn sie hatte ein schlechtes Gewissen, weil sie Hannes zunächst mit den anderen im Stich gelassen hatte.

AUFGABE
9

Am Anfang steht die Frage: Wird Hannes die Mutprobe bestehen?
Als Hannes in Gefahr ist abzustürzen (Z. 84ff.), spitzt sich die Frage zu: Wird Hannes gerettet? Diese Frage beschäftigt den Leser, bis Hannes wieder festen Boden unter den Füßen hat.
Gelöst wird diese Frage, sobald Hannes durch die Feuerwehr gerettet ist.

AUFGABE
10

Wir bauen die Erzählung im dritten und fünften Erzählschritt noch etwas um. Damit erhält unsere Nacherzählung folgende Gestalt:
Der zehnjährige Hannes wollte Mitglied der Krokodilerbande werden. Deshalb musste er vor den Krokodilern, ihrem Anführer Olaf und dessen Schwester Maria das baufällige Dach einer alten Ziegelei als Mutprobe besteigen.
Hannes hatte große Angst, als er über die Feuerleiter zum Dach emporstieg. Alle Krokodiler außer Maria feuerten ihn an. Als er unter großen Schwierigkeiten schließlich den First erklommen hatte, rief er „Krokodil“ und war in die Bande aufgenommen.
Aber damit waren noch nicht alle Schwierigkeiten überwunden. Hannes musste wieder vom Dach herunterklettern. Das war bedeutend schwieriger als der Aufstieg. Als einige Ziegel sich vom Dach lösten, kam Hannes ins Rutschen. Einen Augenblick glaubten alle, Hannes würde abstürzen. Er fand gerade noch an einer Dachrinne Halt. Hannes fühlte, dass er sich nicht lange in dieser Lage halten konnte. Verzweifelt schrie er um Hilfe.
Als Hannes zu weinen begann, fuhren die Krokodiler auf ihren Fahrrädern davon. Denn sie bekamen es mit der Angst zu tun. Schließlich hatten sie Hannes ja zu diesem gefährlichen Abenteuer verleitet. Auch Maria folgte ihnen zunächst.
Dann kehrte sie jedoch als einzige zurück. Denn Maria hatte von Anfang an gemerkt, dass diese Mutprobe gefährlich war. Deshalb hatte sie sich Sorgen um Hannes gemacht. Was sollte nur aus ihm werden? „Hoffentlich ist er nicht schon abgestürzt!“, dachte sie. Von einem Telefonhäuschen aus alarmierte sie die Feuerwehr. Dann wartete sie. Sie glaubte, dass es eine Ewigkeit dauerte, bis sie das Martinshorn hörte.
Sie versteckte sich im Gebüsch und beobachtete, wie die Feuerwehr Hannes vom Dach rettete.

8 Nacherzählen aus veränderter Sicht

AUFGABE 1

Olaf (Maria) hört die Rufe der Krokodiler, er (sie) sieht, wie Hannes sich am Dach festklammert, wie er von Station zu Station balanciert, wie Teile vom Dach abbrechen, er (sie) kann nicht genau entscheiden, ob die Feuerleiter noch fest genug ist, ob die Teile des Daches, an denen sich Hannes festhält, morsch sind.

AUFGABE 2

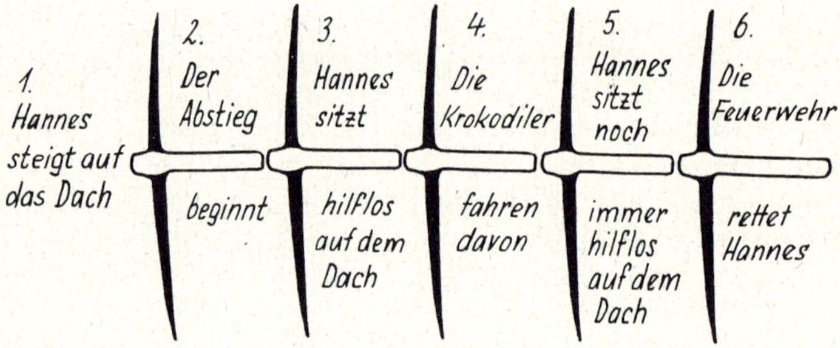

AUFGABE 3

1. Erzählschritt:
Die werden sich wundern, die meinen wohl, ich sei noch zu jung für eine Mutprobe, Angst habe ich allerdings schon.

2. Erzählschritt:
Jetzt darf ich nicht nach unten sehen, wenn ich nur nicht abrutsche, ich finde nirgends Halt, jetzt stürze ich ab.

3. Erzählschritt:
Hoffentlich hält die Dachrinne, wenn mir nur einer helfen könnte, lange wird das nicht gut gehen, ich bin völlig verzweifelt.

4. Erzählschritt:
Die lassen mich doch nicht etwa im Stich? Vielleicht holen sie Hilfe?

5. Erzählschritt:
Sie sind wirklich alle davongefahren. Wie gemein sie sind! Wenn mich doch nur jemand hören könnte! Werde ich jemals wieder herunterkommen? Stürze ich ab?

6. Erzählschritt:
Rettung! Sie haben mich doch nicht im Stich gelassen. Hoffentlich hält die Dachrinne noch.

AUFGABE 4

Hannes hört im morschen Gebälk ein Knacken, wie lose Ziegel abrutschen, wie es unter seinen Füßen knirscht, wie die Dachrinne sich aus ihrer Verankerung zu lösen beginnt. Er sieht, dass schon mehrere Ziegel heruntergefallen sind, dass die Dachrinne völlig verrostet ist, dass die Dachlatten morsch sind.

AUFGABE 5

1. Schweißgebadet klammerte ich mich an der Dachlatte fest. 2. Voll Schrecken sah ich, dass die Krokodiler alle verschwunden waren. 3. „Das können sie mir doch nicht antun", dachte ich. 4. Da hörte ich mit Erleichterung das Martinshorn. 5. „Sie haben also die Feuerwehr alarmiert", überlegte ich. 6. Mit klopfendem Herzen hörte ich, wie der Wagen in das Gelände der alten Ziegelei einbog. 7. „Sie müssen mich jetzt gleich entdecken", überlegte ich. 8. Mit neuem Mut klammerte ich mich jetzt noch fester an die Dachlatte. 9. Viele Gedanken schossen mir durch den Kopf: „Wenn ich gerade jetzt noch abstürze?" 10. Als der Mann die Leiter hochkam und mich mit festem Griff packte, fühlte ich, dass mir vor Freude die Tränen in die Augen traten.

AUFGABE 6

Alle Mitglieder der Krokodilerbande, deren Anführer mein älterer Bruder Olaf ist, hatten sich auf dem Gelände der alten Ziegelei versammelt, um zu sehen, ob der Hannes mit seinen zehn Jahren die Mutprobe bestehen würde. Wenn er es schaffte, bis zum First der baufälligen Ziegelei zu klettern, sollte er in die Bande aufgenommen werden.
Ich hatte Angst um Hannes, als er die Feuerleiter emporstieg. Deshalb hielt ich mich auch abseits und mochte Hannes nicht wie die anderen anfeuern. Auf allen Vieren robbte Hannes von der Feuerleiter zum Dachfirst hinauf. Und tatsächlich, Hannes hatte es geschafft und schrie vom First herab: „Krokodil, Krokodil!" Die Krokodiler antworteten ihm mit wildem Geschrei: „Du bist aufgenommen! Du bist aufgenommen!"
Aber nun sah alles noch viel gefährlicher aus. Wie sollte Hannes nur jemals wieder herabkommen? Und plötzlich bemerkte ich, wie Hannes abrutschte, er rutschte immer weiter. Mir blieb das Herz fast stehen vor Schrecken, und ich wagte es nicht mehr, zum Dach hinaufzusehen. „Jetzt ist bestimmt etwas sehr Schlimmes passiert", dachte ich. Die Krokodiler sprachen nun kein Wort mehr. Als ich es wieder wagte, zu Hannes hinaufzusehen, entdeckte ich, wie er sich verzweifelt an einer Dachlatte festklammerte und mit den Füßen Halt auf der Dachrinne gefunden hatte, die hin und her schwankte und jeden Augenblick herunterbrechen konnte. Hannes schrie und weinte jämmerlich.

Die Krokodiler starrten voll Entsetzen zum Dach. Dann geschah etwas, das ich nicht begriff. Alle schwangen sich plötzlich auf ihre Fahrräder und fuhren davon, ohne sich noch einmal umzublicken. Ich weiß nicht warum, aber auch ich griff zu meinem Fahrrad und fuhr hinterher.
Doch plötzlich kam ich zur Besinnung. „Wir können doch Hannes in dieser Situation nicht allein lassen“, dachte ich mir. Es musste unbedingt etwas geschehen. Vielleicht war Hannes schon abgestürzt? „Nur schnell zurück zu dem Telefonhäuschen“, das war alles, was ich denken konnte. Ich fuhr zu der Telefonzelle, wählte dort eilig die Notrufnummer. „Schnell, kommen Sie zur alten Ziegelei“, stammelte ich. Dann hängte ich den Hörer zitternd vor Aufregung wieder ein. Würde die Feuerwehr rechtzeitig eintreffen?
Da hörte ich das Martinshorn. Ich versteckte mich im Gebüsch. Denn ich hatte ein schlechtes Gewissen, weil ich Hannes zunächst auch im Stich gelassen hatte. Ich beobachtete, wie eine Leiter ausgefahren wurde. Ein Mann kletterte daran zum Dach hinauf. „Hoffentlich geht alles gut“, dachte ich. Da sah ich auch schon, wie der Mann Hannes heil herunterbrachte.

9 Wir trainieren die Nacherzählung (I)

AUFGABE 1

Wer? Beteiligt sind zunächst eine Bäuerin und ein Student. (Der Bauer, die dritte wichtige Person, tritt erst später auf.)

Was? Die Bäuerin hat zum zweiten Mal geheiratet. Sie trauert ihrem ersten Mann nach, von dem sie glaubt, er sei im Paradies. Sie versteht den Studenten, der aus Paris kommt, falsch und glaubt deshalb er komme aus dem Paradies.

Wo/Wann? Auf einem Bauernhof in alter Zeit (16. Jahrhundert).

AUFGABE 2

Von der Bäuerin können wir uns ein Bild machen, weil sie die Stadt Paris nicht kennt und glaubt, dass jemand aus dem Paradies kommen könne.

AUFGABE 3

Der Student ist schlau, gerissen. Er durchschaut sofort die Einfalt/Dummheit der Bäuerin und beschließt, die Situation für sich auszunutzen.
Der Bauer hält sich für klüger als seine Frau: Er hält es nicht für nötig, sie über seine Handlungen aufzuklären und ins Bild zu setzen.

AUFGABE 4

Der Bauer hält sich zwar für klug, aber übertrifft die Dummheit seiner Frau noch, wenn er einem wildfremden Menschen sein Pferd anvertraut. Er ist dem Studenten nicht gewachsen.

AUFGABE 5

Aufgrund des Wechsels von Ort, Zeit und Personen ergeben sich vier Erzählschritte:

1. Das Gespräch zwischen Student und Bäuerin.
2. Das Gespräch zwischen Bäuerin und Bauer.
3. Die Verfolgung des Betrügers durch den Bauern.
4. Die Rückkehr des Bauern – Gespräch zwischen Bauer und Bäuerin.

AUFGABE 6

Das Gespräch zwischen Bäuerin und Student enthält genaugenommen zwei Schritte: Das Missverständnis der Bäuerin und den Auftrag, Geschenke ins Paradies zu bringen. Die Verfolgung des Betrügers zerfällt in drei Teile: Das Zusammentreffen von Bauer und Student, die Suche nach dem Übeltäter und die Rückkehr des Bauern zu der Stelle, wo er dem Studenten sein Pferd anvertraut hat. Somit ergeben sich folgende Erzählschritte:

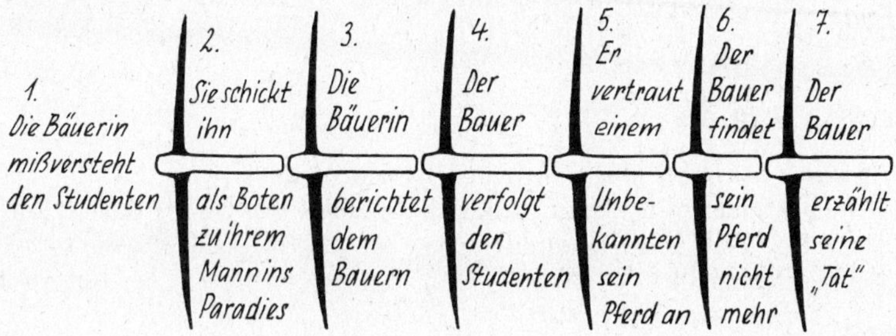

AUFGABE 7

Der erste und zweite Erzählschritt fallen weg.

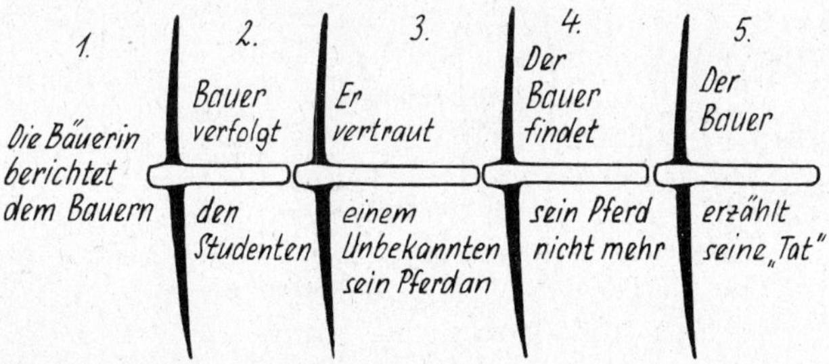

AUFGABE **8**

Abgesehen davon, dass Karin die Fragen zur Ausgangssituation (Wer? Was? Wann? Wo?) nicht klärt, wird der Zusammenhang an drei Stellen nicht klar:
Warum gibt die Bäuerin dem Studenten Geld und Kleider für ihren ersten Mann?
Warum folgt der Bauer dem Studenten?
Warum ärgert sich der Bauer?

AUFGABE **9**

1. Der Student, von dem die Bäuerin glaubt, er komme aus dem Paradies, erzählt auf ihre Nachfrage, dass es ihrem ersten Mann im Paradies sehr schlecht gehe (Z. 26ff.). Sie hat Mitleid mit dem Verstorbenen.
2. Der Bauer will dem Studenten die Geschenke wieder abnehmen (Z. 60ff.).
3. Der Bauer ärgert sich, weil der Student auch ihn hereingelegt hat.

AUFGABE **10**

Welche Folgen hat das Missverständnis der Bäuerin?
Die Frage löst sich, wenn der Student mit den Geschenken das Haus verlässt.

AUFGABE **11**

Wird sich der Bauer klüger verhalten als seine Frau?
Wenn der Bauer zurückkehrt, stellt sich die Frage: Wie wird er seiner Frau den Verlust des Pferdes erklären?

AUFGABE **12**

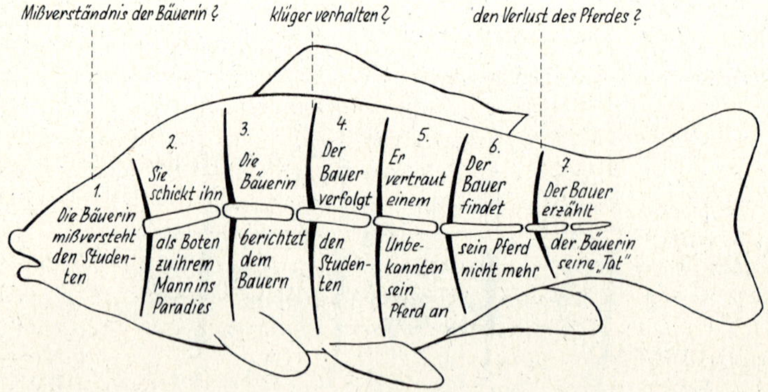

10 Wir trainieren die Nacherzählung (II)

AUFGABE

1 Lösung 2 ist besser verständlich. Es stehen nicht nur unverbundene Hauptsätze nebeneinander. Dadurch wird der Eindruck des „abgehackten" Erzählens vermieden. Konjunktionen schaffen einen gedanklichen Zusammenhang (z.B.: „da die Bäuerin ein wenig einfältig war", „um mehr von ihm zu erfahren", „denn sie glaubte").

AUFGABE

2 Da der Student durchschaute, wie einfältig die Bäuerin war, erzählte er ihr, wie schlecht es ihrem ersten Mann im Paradies gehe. Er sei sehr arm, es fehle ihm dort an allem. Weil die Frau ihrem Mann etwas Gutes tun wollte, gab sie dem Studenten Geld und Kleider und bat ihn, dass er die Geschenke ihrem ersten Mann bringe.

AUFGABE

3 Ein fahrender Schüler kam einmal in ein Dorf. Da er immer nach einer Gelegenheit Ausschau hielt, sich ohne große Mühe ein Vesperbrot zu ergattern, sprach er eine Bäuerin an, die vor ihrem Haus stand und gern ein Schwätzchen halten wollte; denn ihr Mann war zur Arbeit gefahren.
Als er ihr erzählte, er komme von Paris, glaubte diese, er komme geradewegs aus dem Paradies, wo sie ihren ersten Mann vermutete. Da der fahrende Schüler sehr gerissen war, machte er sich ihre Dummheit zunutze. Er berichtete, dass es ihrem ersten Mann im Paradies sehr schlecht gehe. Da gab ihm die Bäuerin Geld und Kleider, die er bei der Rückreise ihrem ersten Mann überbringen sollte. Der Student aber machte sich, da er die Rückkehr des Bauern fürchtete, nachdem er noch gut gespeist hatte, rasch aus dem Staub.
Als ihr zweiter Mann nach Hause kam, erzählte ihm die Bäuerin, was sie getan hatte. Der Bauer bestieg rasch sein Pferd, um dem fahrenden Schüler die Geschenke wieder abzunehmen. Als der Student diesen von weitem kommen sah, dachte er sich eine List aus. Denn er konnte sich wohl denken, warum der Bauer so rasch hinter ihm dreinritt. Er versteckte also das Bündel mit Geld und Kleidung und stellte sich als Feldarbeiter. Zum Glück hatte er nämlich eine Schaufel und ein Paar Arbeitshandschuhe entdeckt. Als nun der Bauer fragte, ob er nicht einen Mann mit einem Bündel gesehen habe, antwortete er rasch: „Ja, er ist gerade in den Wald gelaufen." Da überließ der Bauer dem Fremden sein Pferd und rannte in den Wald. Nach vergeblichem Suchen kam er an die Stelle zurück, wo er sein Pferd gelassen hatte. Als sein Pferd jedoch verschwunden war, merkte er, dass der Student auch ihn getäuscht hatte.

Zu Hause fragte ihn seine Frau, wie es ihm ergangen sei und wo er sein Pferd gelassen habe. Da antwortete der Bauer: „Ich hab's dem Studenten gegeben, damit er rascher ins Paradies kommt."

AUFGABE

4 Ausdrücke wie „Zehrgeld", „im Säckel", „die Füße unter dem Tisch haben", „ins Holz gefahren" sind heute nicht mehr üblich und sollten geändert werden. Auch der Satzbau müsste angepasst werden: „wie man deren viele findet"; „Antwortete der Student".

AUFGABE

5 „Der wenig Zehrgeld im Säckel bei sich trug": Er hatte wenig Geld in der Tasche, von dem er sich etwas hätte kaufen können, um es zu ver-zehren (essen);
„wie man deren viele findet": wie es viele gibt;
„ins Holz gefahren": in den Wald gefahren.

AUFGABE

6 Ein armer Student, der wenig Geld in der Tasche hatte und lieber faulenzen als studieren wollte, wie es viele gibt, ging einmal durch ein Dorf. Dort begab er sich zum Hause eines reichen Bauern, der zur Arbeit in den Wald gefahren war. Im Hof traf er aber seine Frau. Der Bauer war ihr zweiter Mann, ihr erster war vor wenigen Jahren gestorben. Als sie den Studenten ansprach und fragte, woher er komme, antwortete dieser: „Aus Paris."

AUFGABE

7 Heute nicht mehr gebräuchlich und deshalb für deine Nacherzählung auf keinen Fall verwendbar sind folgende Wendungen:
„ich habe zuvor einen Mann gehabt, hieß Hans", „gute Gesellen", „Zehrpfennig", „seid guter Dinge", „etlichen mehr", „wacker zechen", „damit er's um so besser ausrichte". Wenn du willst, kannst du auch die Geldwährung (Gulden, Plappart) „modernisieren".

AUFGABE

8 Da die Bäuerin ziemlich einfältig war, verstand sie, der Student komme aus dem Paradies. Als sie deshalb nachfragte, ob er auch wirklich im Paradies gewesen sei, stimmte ihr der Student, der ihre Dummheit durchschaute, zu. Sie aber bat ihn in die Stube. Denn sie hoffte, von ihm zu erfahren, wie es ihrem ersten Mann im Paradies ergehe.

Auf die Frage der Bäuerin, ob er ihren Mann im Paradies getroffen habe, fragte dieser nach seinem Namen. Als sie ihm sagte, dass er Hans Gutschaf geheißen, gab er vor, sich wohl zu erinnern. Es gehe ihm sehr schlecht, behauptete er. Wenn andere schlemmten und es sich wohl gehen ließen, müsse der arme Mann zusehen. Da begann die Frau zu jammern und zu klagen, dass sie ihrem Manne gerne etwas ins Paradies nachsenden wolle, wenn sie nur einen Boten habe. Der schlaue Student merkte, dass da etwas zu holen war, und bot sich an, als Bote ins Paradies zu reisen. Da freute sich die Bäuerin, bewirtete den Studenten und begann ein Bündel zusammenzupacken.
Alsbald hatte sie aus ihren Schränken Hemden, Hosen, einen gefütterten Rock und sogar ein paar Taschentücher herbeigeschafft. Dann wickelte sie noch einige Hundertmarkscheine in ein Tüchlein und schenkte dem Studenten auch noch etwas, damit er die Post auch gut ins Paradies bringe. Dieser bedankte sich und machte sich auf den Weg.

AUFGABE **9**

Erzählschritt 2: Bei der Erzählung des Studenten werden die Augen der Bäuerin immer größer, entsetzt starrt sie den Studenten an, sie seufzt laut.
Erzählschritt 6: Der Bauer legt von weitem die Hand vor die Augen, um besser sehen zu können, er sucht nach Spuren, wo sein Pferd gestanden hat, er schüttelt den Kopf, hält Ausschau, greift sich an den Kopf, beginnt zu schimpfen.
Erzählschritt 7: Der Bauer zeigt eine fröhliche Miene, als ob nichts geschehen sei, sein Gesicht ist aber noch vor Zorn gerötet, er ballt die Fäuste, schaut seine Frau nicht an, pfeift vor sich hin, als sei nichts geschehen. / Der Bauer legt die Hand vor den Mund, gerät in Eifer, während er seine Frau zur Verschwiegenheit auffordert, fasst sie bei der Hand.

AUFGABE **10**

Der Bauer murmelt etwas zwischen den Zähnen, starrt seine Frau an, scheint etwas sagen zu wollen, schluckt dann, steht mit finsterer Miene da.

AUFGABE **11**

Der Bauer rannte, so schnell er konnte, querfeldein. Nach einiger Zeit blieb er stehen, schaute sich in allen Richtungen um, lief dann weiter, lauschte, ob er etwas hören konnte, schaute von einem höheren Punkt aus in die Ferne, rannte wieder los, allmählich wurden seine Schritte langsamer, er blieb stehen, niedergeschlagen kehrte er zurück, von weitem hielt er nach seinem Pferd und dem Fremden Ausschau, eilig näherte er sich der Stelle, wo er den Fremden verlassen hatte.

AUFGABE 12

Am Mittag kam der Bauer nach Hause. Da eilte ihm seine Frau auch schon voll Freude entgegen und berichtete, dass sie einen Boten gefunden habe, der ihrem Mann, dem es im Paradies sehr schlecht gehe, Geschenke überbringen wolle. Die Zornesader schwoll dem Bauern an, als er das hörte. „Verdammt", murmelte er zwischen den Zähnen und ritt dem Studenten schleunigst auf seinem besten Hengst nach.
Der Student ahnte nichts Gutes. Deshalb schaute er, als er sich schleunigst aus dem Staub machte, immer wieder zurück, ob ihm jemand folgte. Alsbald entdeckte er, dass sich ihm ein Mann auf einem Pferd näherte. Zufällig entdeckte er auf einem Acker ein Paar Arbeitshandschuhe und eine Schaufel. Er warf das Bündel in eine Hecke und machte sich an die Arbeit. Als der Bauer ankam, fand er einen fleißigen Bauersmann bei der Arbeit. Er fragte ihn, ob er nicht einen Mann mit einem Bündel gesehen habe. „Freilich", antwortete ihm der Fremde bereitwillig, „als er Euch gesehen hat, ist er eilig in den Wald gerannt." Da bat ihn der Bauer, sein Pferd zu halten, und lief zum Wald. Am Waldrand blieb er stehen und lauschte. Dann durchstreifte er in allen Richtungen den Wald, horchte angespannt auf jeden Laut. Aber alle Mühe war vergeblich. Mit niedergeschlagener Miene machte sich der Bauer auf den Rückweg zu seinem Pferd. Von weitem hielt er nach ihm und dem Fremden, dem er es anvertraut hatte, Ausschau. Er wunderte sich sehr, dass er beide nirgends entdecken konnte. Mit eiligen Schritten kehrte er zu der Stelle zurück, wo er den Fremden verlassen hatte. Kopfschüttelnd betrachtete er den Platz, wo sein Pferd gestanden hatte. Da ging ihm plötzlich ein Licht auf. Er merkte, dass es ihm nicht besser ergangen war als seiner Frau und dass der schlaue Student auch ihn hereingelegt hatte. Fluchend machte er sich auf den Heimweg.
Im Hof empfing die Bäuerin schon ihren Mann und wollte wissen, wo er sein Pferd gelassen habe. Da der Bauer nicht zugeben wollte, wie es ihm ergangen war, versuchte er seine Wut zu verbergen. Leise vor sich hinpfeifend, als sei nichts Übles geschehen, sagte er zu seiner Frau, dass er dem Fremden sein Pferd gegeben habe, damit er schneller ins Paradies gelange.

AUFGABE 13

Für die Nacherzählung hast du viele Vorarbeiten geleistet. Vgl. die Lösungen zu den Aufgaben 6, 8 und 12, dann hast du deine Nacherzählung.

AUFGABE 14

Vgl. S. 34. Das Erzählfischchen ändert sich insofern, als es nur 5 Erzählschritte gibt. Erzählschritt 1–4 bleiben gleich, im 5. Erzählschritt reitet der Student eilig davon.

AUFGABE **15**

Erzählschritt 1 und 3 fallen weg. Der Rest bleibt gleich.

AUFGABE **16**

Ob ich ihn etwas fragen kann? Ich will es einmal probieren, ich möchte schon gerne wissen, wie es meinem lieben Hans geht, ob er auch genügend zu essen und gute Kleider hat, vielleicht kennt ihn der Student oder hat ihn einmal gesehen.

AUFGABE **17**

Seine Frau war also dümmer, als er gedacht hatte! Der Gauner hatte sie ganz schön hereingelegt. Ob es Sinn hatte, ihm nachzureiten? Dann durfte er nicht lange zögern.

AUFGABE **18**

Voll Wut überlegte der Bauer, wie er dem Gauner die Beute, die er bei seiner dummen Frau gemacht hatte, wieder abjagen konnte.

AUFGABE **19**

... Am Waldrand blieb ich erst einmal stehen und überlegte messerscharf. Vorsichtig schlich ich mich von Baum zu Baum. „Ich darf die Geduld nicht verlieren", dachte ich. Als schon eine Stunde vergangen war, fühlte ich mich enttäuscht. Sollte der Gauner entkommen sein? Niedergeschlagen beschloss ich, zu meinem Pferd und dem Fremden zurückzukehren. Als ich von weitem weder den Fremden noch mein Pferd entdecken konnte, dachte ich: „Vielleicht hat er sich zu einer Rast hinter der Hecke niedergelassen." Sollte er weggegangen sein? Als ich zu der Stelle kam, wo ich mein Pferd bei dem Fremden zurückgelassen hatte, war kein Zweifel mehr: Der Fremde war mit dem Pferd verschwunden. Da fühlte ich, wie ich zornig wurde.

AUFGABE **20**

Die Bäuerin erzählt: Was für ein Glück habe ich doch neulich gehabt! Zufällig kam ein freundlicher Student vorbei, sprach mich an und erzählte von seinen weiten Reisen. Die schönste Reise hatte er ins Paradies gemacht. Auch wohnte er in einem vornehmen Hotel, wo viele reiche Leute abstiegen. Meinen armen Hans, der vor vielen Jahren gestorben ist und der mir viel lieber war als mein jetziger Mann, hat er auch dort getroffen. Aber der Arme war ganz zerlumpt. Ich war sehr traurig, als ich das hörte.

Aber der Student war so freundlich und wollte dem armen Hans bei seinem nächsten Besuch im Paradies etwas von mir mitbringen. Ich packte dem Mann ein schweres Bündel, machte ihm noch eine reichliche Mahlzeit und gab ihm auch noch unser Erspartes mit auf die Reise. Wie freute ich mich, als ich sah, wie eilig der Mann zum Paradies aufbrach!
Als mein Mann zurückkam, überbrachte ich ihm gleich die freudige Nachricht. „Was redest du?“, rief mein Mann, und schon saß er auf seinem Pferd und ritt davon.
Nach einer Weile kam er zurück. Der Schweiß stand ihm auf der Stirn. Er seufzte schwer. „Ach, lieber Mann“, sagte ich. „Du machst dir doch nicht etwa Sorgen um den Hans? Dem wird es bald besser gehen.“ „Der Mann wird sich beeilen, um rasch zu dem lieben Hans zu kommen.“ „Jetzt wird er noch schneller ankommen“, antwortete mein Mann. „Denn ich habe ihm mein Pferd dazu gegeben.“ Gerührt wollte ich ihn umarmen. Er aber wollte keinen Dank, seufzte nur schwer und ging hinaus in den Stall.

Der Student erzählt: Neulich kam ich in ein Dorf. Kaum hatte ich mich ein wenig umgesehen, war mir auch schon klar, wo etwas zu holen war. Eine etwas dickliche Frau mit einem großen runden und einfältigen Gesicht stand unter der Tür eines stattlichen Bauernhauses. Ich grüßte sie freundlich, wir kamen ins Gespräch, und ich erzählte ihr von meinen Abenteuern auf weiten Reisen. Das machte ihr großen Eindruck. Als ich schließlich von meinem Aufenthalt in einem Luxushotel in Paris erzählte, geriet sie in große Aufregung. „Wie?“, rief sie. „Sie kommen aus dem Paradies?“ Nun wollte sie eine Menge über das Paradies von mir wissen, da sie dort ihren ersten Mann, der vor einigen Jahren gestorben war, vermutete. „Das kannst du haben“, dachte ich bei mir. Als sie mich nach dem Befinden ihres ersten Mannes fragte, kam mir eine glänzende Idee. Ich fing an, zu jammern und zu klagen. „Schlecht geht es ihm, erbärmlich schlecht!“ Mitleidsvoll blickte ich die Frau an. Sie war ganz außer sich. Und siehe da! Ich hatte es schlau gemacht. Sie bewirtete mich reichlich und brachte Kleider und Geld, die ich ihrem ersten Mann im Paradies übergeben sollte.
Schleunigst verabschiedete ich mich. Denn es konnte nicht mehr lange dauern, bis der Bauer nach Hause kam. Tatsächlich merkte ich, als ich einige Zeit gegangen war, dass hinter mir ein Reiter auftauchte, der nach allen Seiten Ausschau hielt. „Jetzt lass deine Schlauheit spielen“, sagte ich zu mir selbst. Und siehe da! Ein paar alte Handschuhe lagen am Rande eines Ackers, daneben fand ich einen Spaten. Ich warf mein Bündel in eine Hecke, bückte mich, zog die Handschuhe über und ergriff den Spaten. Dann begann ich, eifrig im Acker zu arbeiten. Als der Reiter mich sah, fragte er: „Haben Sie vielleicht einen Mann mit einem Bündel gesehen?“ „Ja“, antwortete ich rasch. „Er ist eben im Unterholz dieses Wäldchens verschwunden.“ Der Bauer stieg vom Pferd, übergab mir die Zügel und rannte davon. Kaum war er außer Sicht, schwang ich mich auf mein Pferd und ritt, so schnell ich konnte, auf Nimmerwiedersehen davon.